中国神秘现象

ZHONGGUO SHENMI XIANXIANG

才学世界　　主编：崔钟雷

吉林美术出版社｜全国百佳图书出版单位

图书在版编目（CIP）数据

中国神秘现象／崔钟雷主编 . —长春：吉林美术
出版社，2010.7（2022.9 重印）
（才学世界）
ISBN 978 - 7 - 5386 - 4466 - 1

Ⅰ . ①中…　Ⅱ . ①崔…　Ⅲ . ①科学知识 - 普及读物
Ⅳ . ①Z228

中国版本图书馆 CIP 数据核字（2010）第 127453 号

中国神秘现象

ZHONGGUO SHENMI XIANXIANG

主　　编	崔钟雷
副 主 编	于晓蕊　刘志远
出 版 人	赵国强
责任编辑	栾　云
开　　本	787mm×1092mm　1/16
字　　数	120 千字
印　　张	9
版　　次	2010 年 7 月第 1 版
印　　次	2022 年 9 月第 4 次印刷

出版发行	吉林美术出版社
地　　址	长春市净月开发区福祉大路5788号
	邮编：130118
网　　址	www. jlmspress. com
印　　刷	北京一鑫印务有限责任公司

ISBN 978 - 7 - 5386 - 4466 - 1　　定价：38.00 元

前 言
foreword

5000 年的风雨沧桑孕育了一个在坎坷中走向辉煌的伟大民族，960 万平方千米的炎黄热土书写成一部在苦难中迎来复兴的青史巨著。在我们生活的这片国土上，勇敢智慧的祖先用他们勤劳的双手创造了一个又一个文明奇迹，也留下了许多未解之谜。

中国最早的"文字"究竟是如何发明的？清朝顺治皇帝是否真的出家为僧了？西楚霸王项羽为什么在最后关头决定不过江东？中国的南海也存在恐怖的"魔鬼三角区"吗？

在中国浩如烟海的各类历史文献当中，类似这样的问题不胜枚举。这些文明发展过程中遗留下来的未解之谜，直到今天也是众说纷纭，但有志于探索与发现的科学家们坚信：随着科学的不断发展，终有一天会彻底解开这些未解之谜。

本书精选了中国各种未解之谜，内容涉及历史、文化、地理、自然等多方面。全书图文并茂，通过上百幅实地照片向读者展示了那些令人困惑不解的未解之谜与神奇现象，以帮助青少年朋友对这些现象有一个初步的认识，并在轻松愉悦的阅读中培养科学严谨的求知精神。

编　者

目录

CONTENTS

宫闱之谜

地理之谜

CONTENTS

中国神秘现象

ZHONGGUO SHENMI XIANXIANG

文化之谜

神秘现象

"金缕玉衣"之谜

长生不老、灵魂永存是古代皇帝梦寐以求的事，所以他们千方百计地寻找长生不老药，喝甘露、吃炼丹丸等。由于所做的这一切都是为了长生不老，所以他们将求生的欲望也寄托在死后的裹尸衣上，这就出现了汉代特有的玉衣。玉衣是什么样的呢？它是如何制成的？是否真的可以使尸体不腐呢？

汉朝时的"金缕玉衣"

玉衣是汉代皇帝、诸侯王和高级贵族死后专用的一种殓服，史书上称"玉匣"或"玉柙"，但它的形状究竟是什么样的，从汉代以后就无人知晓了。1968年，考古工作者在河北省满城县的一座小山丘上，发现了西汉中山靖王刘胜和他妻子窦绾的墓。在刘胜和窦绾棺内的尸体位置上，散落着许多小玉片。经过考古工作者的精心修复和研究，终于复原出了两套完整的玉衣，使我们第一次看到了玉衣的真面目，从而解开了这个千古之谜。

复原后的这两套玉衣的外观和人体形状一样，分为头部、上衣、裤筒、手套和鞋五大部分，各部分都由许多长方形、三角形、梯形、

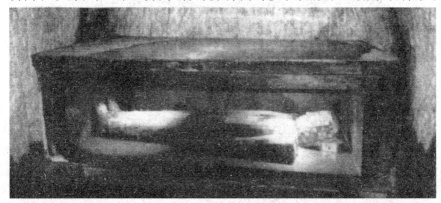

楚王汉墓内的金缕玉衣，其制作所耗费的人力和物力是十分惊人的

 文化之谜

圆形等形状的玉片组成，玉片上有许多小的钻孔，玉片之间用纤细的金丝加以编缀，所以又称为"金缕玉衣"。刘胜穿的玉衣形体肥大，头部的脸盖上刻画出眼、鼻和嘴的形状，腹部和臀部突鼓，裤筒制成腿部的样子。窦绾的玉衣比较短小，没有做出腹部和臀部的形状，可能是出于对女性形体造型的避讳。刘胜玉衣全长1.88米，由2 498片玉片组成，用于编缀的金丝约重1 100克。

"金缕玉衣"的雏形

玉衣早期是什么样的呢？据一些学者研究，汉代的玉衣是由先秦时期的"缀玉面饰"演变而来的。所谓"缀玉面饰"，就是将做成眉、眼、鼻、口形状的玉石片，按一定形状排列，缀附在织物上，再覆盖在死者面部。这种缀玉面饰就是汉代玉衣的雏形。最早的缀玉面饰出现在河南三门峡市西周晚期的虢国墓地中。战国时期，缀玉面饰是一种颇为流行的丧葬礼俗。汉武帝以前的诸侯王墓中尚未发现完整的金缕玉衣，但出土有金缕玉面罩、玉帽、玉手套和玉鞋，这是缀玉面饰向玉衣的过渡形式。目前发现的汉代玉衣有二十多套，除金缕玉衣外，还有银缕玉衣、铜缕玉衣，编缀玉衣材料的不同，代表着死者身份的不同。据汉代文献记载，汉代皇帝死后使用金缕玉衣，诸侯王等使用银缕玉衣，大贵人、长公主使用铜缕玉衣。但中山靖王刘胜是汉景帝刘启的儿子、汉武帝刘彻的庶兄，按规定他只能以诸侯王的身份使用银缕玉衣，为什么却越级穿金缕玉衣呢？研究专家认为，玉衣等级的严格规定，是在东汉时期才形成的，因为在东汉时期的诸侯墓

中山靖王刘胜的金缕玉衣是目前最具代表性的玉衣，是难得的艺术瑰宝

中就再没出土过金缕玉衣。身为诸侯王的刘胜都能穿如此华贵的金缕玉衣，那贵为天子的皇帝玉衣是什么样子的呢？史书记载，汉武帝的玉衣玉片上雕刻着蛟龙、鸾凤、龟麟等纹饰，被称为"蛟龙玉匣"，在玉衣片上雕刻花纹，想必除了加强装饰效果，让玉衣有华贵之感外，还要体现皇帝的高贵身份。但因为对此没有考古发现的实物作为依据，汉代皇帝的玉衣对人们来说还是一个未解之谜。

玉衣的用途

那么，为什么汉代人喜欢用玉衣做殓服呢？这与当时人的迷信思想有关。在汉代，人们深信玉能使尸体不朽，玉塞九窍，可以使人气长存。所谓九窍就是指两眼、两鼻孔、两耳孔、嘴、生殖器和肛门。出土的玉衣经常就搭配有用玉做成的眼盖、鼻塞、耳塞、口含、罩生殖器的小盒和肛门塞。

"金缕玉衣"的制作之谜

如此精美的玉衣究竟是如何制作出来的呢？这让今天的人们疑惑不解。玉衣的制作是一个非常复杂的过程，所用的玉料要经过开料、锯片、磨光及钻孔等，每一片玉片的大小和形状都必须经过精心设计和细致加工。据测定，玉片上有些锯缝仅0.3毫米，钻孔直径仅1毫米，工艺流程之繁杂、精密程度之高令人惊叹。整个玉衣制作过程所花费的人力和物力是相当惊人的。据推算，在汉代制作1件玉衣，约需1名玉工至少十余年的努力。

神秘现象

"三寸金莲"之谜

在我国古代，女子被迫用一条长长的布条紧紧地将双足裹住，借以改变脚的形状，使之以畸形的方式长成不超过三寸的模样，这就是所谓的"三寸金莲"。时至近代，这种对女性身心摧残的陋习才被彻底废止。

缠足始于何时

缠足始于何时？这一问题历来众说纷纭，莫衷一是。

有的人说，大禹治水时，曾娶涂山氏女为妻，而涂山氏女是狐精，脚很小。也有的人说，商纣王的妃子妲己也是狐精，但由于脚没有变好，只好用布帛包裹起来。由于妲己很受纣王恩宠，宫女便纷纷效仿，也把脚裹起来。但这些都只是神话传说而已，并不能成为当时女子缠足的依据。

有人认为，缠足始于隋。相传，隋炀帝在江都出游时，征选上百名美女为其拉纤。其中有一个名叫吴月娘的女子，用长布条将父亲特制的一把小刀裹在脚底下。然后又在鞋底上刻了一朵莲花，每走一步就会印出一个莲花印来。隋炀帝见了很是喜欢，就召她到近前来。当吴月娘解开裹脚布时，突然抽出刀来刺向隋炀帝，但可惜只刺中了手

三寸金莲属于古代的生活习俗，它源于"女子以脚小为美"的观念

臂。行刺不成，吴月娘便投河自尽了。事后，隋炀帝下旨，凡裹足女子一律不得入宫。民间女子为纪念月娘，纷纷裹起脚来。于是，裹脚形成了一种风气。

还有人说，缠足始于五代时的唐。那时，南唐李煜的嫔妃窅娘能歌善舞。李煜专门制作了6尺高的金莲，并用珠宝、绸带、缨络装饰，命窅娘以帛缠足，使脚纤小弯曲呈新月状，再穿上素袜在莲花台上翩翩起舞，从而使舞姿更为优美。

后来经考证得知，女子缠足真正兴起于北宋。但是，当时妇女缠足仅限于上层社会，缠足者只是把脚裹得"纤直"，称为"快上马"，与后世的"三寸金莲"并不相同。

缠足之风在元代继续发展，女子以不缠足为耻。明代是妇女缠足的兴盛时期，范围遍及全国各地。清代，妇女缠足达到登峰造极的地步。女子脚的形状和大小，更成为评判女子美丑的重要标准，甚至还会直接影响其终身大事，女子的小脚受到前所未有的崇拜和关注。

"金莲"的来历

有人说南朝齐东昏侯的潘妃赤脚走在金箔剪成的莲花上，有如"步步生莲花"，但这并不是指潘妃的脚。还有的说，是五代窅娘在莲花台上跳舞，得"金莲"之名，这也不是指窅娘的脚。

当前比较一致的观点认为，"金莲"由佛教文化中的"莲花"引申而来。以"莲花"作为妇女小脚之名是一种美称，在佛教艺术中，菩萨多是赤脚站在莲花上的，这可能也是莲花与妇女小脚联系起来的一个重要原因。

而被称为"金莲"则主要是由于中国人传统的语言习惯。人们喜欢用"金"字修饰贵重或美好的事物，以"金莲"称妇女的小脚，是一种表示珍贵的美称。后来民间约定俗成：三寸以内者为"金莲"，四寸以内者为"银莲"，大于四寸者为"铁莲"。于是，金莲便成了小脚的代名词。

神秘现象

"昆仑奴"之谜

唐朝前期全国统一，经济繁荣、文化昌盛，是当时世界上最富庶的国家之一，因而对其他国家产生了巨大的吸引力，亚非很多国家的使臣、留学生、商人和学问僧潮涌而来。唐朝是一个繁荣、开放的王朝，在当时的首都长安聚集了全世界各种肤色的人种。在这些人中，阿拉伯旅行者是其中比较活跃的一批人。他们穿越漫漫黄沙，骑着骆驼，弹着竖琴，在乐声中款款而来，风尘仆仆的倦容掩不住对大唐文化的神往之情，其中最为特别的是黑皮肤的人。

出土于唐代裴氏小娘子墓中的黑人陶俑为人们提供了关于唐朝时来到中国的黑人的直观形象：皮肤黝黑，头发卷曲，面部扁平、鼻梁平坦、鼻翼宽大、厚厚的嘴唇、白色的眼睛。据说这座陶俑被称为"昆仑奴"。为什么以"昆仑"命名？它来自何方？如何来到中国？在中国的命运又如何呢？人们迷惑的目光一直纠缠着这座陶俑。

为何以"昆仑"命名

一种说法认为，"昆仑奴"是和"昆仑国"联系在一起的。"昆仑奴"来自于昆仑国，而昆仑国又在何方呢？一位法国的汉学家曾对中国古代文献中的关于"昆仑国"的记述进行了统计，得出了有：广西附近的昆仑关；恒河以东及马来群岛；茶陵东南的占笔罗或占不牢岛；缅甸、马来半岛、苏门答腊、爪哇等地的昆仑国；南海附近的昆仑国；非洲东岸以及马达加斯加岛等地，可谓是众说纷纭。"昆仑奴"的故乡"昆仑国"到底在哪里呢？根据许多学者的研究成果和现代地理图志的验证，"昆仑"既不是指中国古代西域昆仑山下的"昆仑国"，也不是指今广西、福建等地的昆仑山，而是外国语的译名或译音，它应该是指南海诸地的"昆仑"，或是非洲东岸的马达加斯加岛等若干地区的代称。究竟包括哪些地名，目前还没有形成一致的看法。

另一种说法认为，"昆仑"一词是用来形容黑色或近似黑色的东

西，所以黑人也被称为"昆仑"。在隋代就有一种黑紫色的酒叫作"昆仑觚"；茄子近黑色，便有了"昆仑紫瓜"的外号；当然也有用来形容人的皮肤呈黑色的，如魏晋南北朝时期晋代孝武李太后皮肤有点黑，当时的人们就称她为"昆仑"。

来自何方

不管"昆仑奴"来自何方，他们因何得名，有一点是毋庸置疑的，那就是唐代时确实有非洲黑人生活在中国。除了上面介绍的出土黑人陶俑外，唐代诗歌、典籍里也有关于黑人的描述，如杜甫有诗说："家家养乌鬼，顿顿食黄鱼。"这里的乌鬼就是指黑人。张祜有一首《昆仑儿》的诗描写得更为详细："昆仑家住海洲中，蛮客将来汉地游。言语解教秦吉了，波涛初过郁林洲。金环欲落曾穿耳，螺髻长卷不裹头。自爱肌肤黑如漆，行时半脱不绵裘。"

这些非洲黑人是如何辗转来到中国的呢？学者们经过多方查证研究得出初步结论：非洲黑人是经阿拉伯人贩卖到中国来的。关于具体的输入路线有两种说法，一种说法是，阿拉伯人到非洲将黑人掠到阿拉伯人的家乡，从陆路丝绸之路再转运到中国；另一种说法是，阿拉伯人把黑人骗到西亚，再从海上卖到南海诸国，然后由南海诸国转送唐朝。唐朝时阿拉伯人在中西交流中占有很重要的地位，据史料记载，仅在公元 651 年—798 年，唐朝与大食（唐朝对阿拉伯国的称呼）通使就达 36 次之多，大批的大食商人来到中国，在带来了西亚一带的物品和文化的同时，又把唐代先进的文化大量输入到中亚、西亚，"昆仑奴"也是由精明的阿拉伯人带到中国来的。

他乡境遇

"昆仑奴"在中国的境遇又如何呢？既然被称为"奴"，黑人在唐朝肯定是奴隶的身份。这从杜甫的诗中就能体会到，《太平御览》中还记述了一个"昆仑奴"凭自己的勇敢和智慧帮助主人与心爱的女子相会，终于促成了一桩美满姻缘的故事。从这则故事中，人们可以看到唐代时虽然昆仑奴的身份是奴隶，但并没有受到太大的歧视，更没有像在西方殖民者手中那样，受到毫无人性的迫害。至于昆仑奴真实的境遇如何，还是一个难解之谜。

神秘现象

中国古人的"照明"之谜

在日出而作、日落而息的古代，夜晚的来临就意味着黑暗的到来，然而当人类发现钻木取火的秘密后，夜晚就再也不意味着黑暗，古人的照明史也开始了……

1968 年，河北满城西汉窦绾墓出土了一件朱雀铜灯。该灯通高 30 厘米，盘径 19 厘米。举目望去，只见朱雀昂首翘尾，嘴衔灯盘，足踏盘龙，作展翅欲飞状。双翅和尾部雕刻有纤细的羽毛状纹。灯盘为环状凹槽，内分三格，每格各有支钉一个。

看到这件朱雀铜灯，人们首先为之折服的就是它精美的造型，其次是它所蕴含的深刻的内容。然而，究竟这盏灯是如何点燃的呢？许多人认为，灯盘内有 3 个钎形火焋，把蜡烛插在上面就行了。其实，这种看法是错误的。这一点从另一盏铜灯中能够得到证明。1968 年出土于河北满城西汉刘胜墓的羊形铜灯，通高 18.6 厘米，长 23 厘米。灯呈卧羊式，昂首，双角卷曲，身躯浑圆，短尾。羊的背部和身躯分铸，在羊脖处后置活钮，臀上安小提钮，可将羊背向上翻开；平放于羊头上作为灯盘。灯盘略呈椭圆形，作子口，一端有小流嘴。羊的腹腔中空，用来储存灯油。当灯闲置不用时，可将灯盘内的剩余灯油由小流嘴倒入腹腔内。那么，这件油灯是怎么点燃的呢？因为灯盘上面没有钎形火焋。

其实，中国自战国时期至唐代以前的灯具，灯盏中心立一枚支钉或不立支钉，硬质灯芯插在支钉上或置于盏盘中点燃，如果是软质灯芯，也不放在盏沿边，而在盘中心做一个小台，灯芯置放台上点燃，专家称之为"盏中立焋式"。汉代的灯芯大都是用麻秸等硬纤维做成的。至于蜡烛的使用，在位于广州的东汉后期墓中出土了几个最早的烛台，表明最迟在那时，中国就已经制作出了细柱状的蜡烛。

神秘现象

"太极图"之谜

中国的传统文化博大精深，"太极"与"八卦"是中国道家文化的典型代表，那么，看似简单的太极图中又蕴含了怎样的秘密呢？

"太极图"之谜

"太极图"又称"先天图"或"天地自然之图"，是中国上古文化中最神秘的一张图，也是人们众说纷纭、莫衷一是、争议极多的一张图。

相传，太极八卦图是古代圣人伏羲氏首创，在"五经"的"周易"中，有详细的记载和说明。古人认为：无极生太极，太极生两仪，两仪生四象，四象生八卦，八卦生六十四卦。这是太极化生八卦的基本理论。在易学的研究中，太极图有着重要的作用。

这张图既简单又复杂。说简单，只有黑白两色；说复杂，它却穷尽了天地万物的道理。

"太极图"的图案起源很早，据传，古"太极图"绘于三千多年前的夏商之际或年代更久远的陶器上。圆圈内画有 S 形曲线，黑白阴阳点是后来添加上的。现在的"太极图"，一般认为是北宋的周敦颐所制。唐代《真元妙品经》有太极先天图与周制相似之说。

另一种说法是，"太极图"的作者有神、人之分。先天的"太极图"为伏羲所画，后天的"太极图"为周文王所绘。还有一种说法是，"太极图"源自汉代魏伯阳的《周易参同契》。

中国古老的"太极图"，对现代科学有着多方面的贡献。德国数学家莱布尼茨是现代电子计算机二进制的创始人，他正是从

中国古老的太极八卦图中得到启发和帮助，灵机一动，成功研制出二进制的。1701 年秋末，莱布尼茨正在苦思冥想研究乘法机，法国传教士朋友从北京寄给他《伏羲六十四卦次序图》和《伏羲六十四卦方位图》，莱布尼茨从这两张图中受到了极大的启发，他发现，八卦是象形文字的雏形，由坤卦经艮、坎、巽、震、离、兑到乾卦，正是由零数到七，这八个自然数所组成的完整的二进制数形。八卦中的"－ －"叫作阴爻，相当于二进制中的"0"，而八卦中的"——"叫作阳爻，相当于二进制中的"1"。六十四卦正

太极图是研究周易学原理的重要图像

是从 0 到 63 这 64 个自然数的完整的二进制数形。在数学中八卦属于八阶矩阵。

中国古老的"太极图"不仅启发了莱布尼茨，从中受益的还有外国学者、专家戈德伯格。戈德伯格在"太极图"的启发下，认为环腺一磷和环鸟一磷是体内两种对立的调节系统，与东方医学中的"阴阳"相似，很可能是"阴阳"的物质基础，从而提出了生物控制的"阴阳假说"，在分子生物学的研究领域中，占据了一定的学术地位。

"太极图"是中国古老文化的精粹，图中所蕴含的玄奥哲理启迪着每一个探索的灵魂。"太极图"以综合概括的方式容纳着多种思维，也开创启发了更多种思维范式。因此，今人对这张年代久远的古图产生了越来越多的疑问：它的创制者受到什么启发绘制了"太极图"？"太极图"的作用还有哪些呢……

汗血马之谜

战争频繁的年代，马匹是必不可少的军需品，好的战马更是千金难求。品种的优劣决定了马的奔跑速度和等级，汗血马便是良马中不可多得的品种。

伊犁因著名的伊犁河而得名，伊犁地区位于新疆中西部的伊犁谷地。乌孙以及后来的西突厥、察合台汗国、准噶尔汗国都曾在伊犁建立国家。这里在清代曾是新疆的首府，这里曾有41个民族，二百多万人口。"马背上的民族"哈萨克以及蒙古等民族都生活在这片大草原上。据说，伊犁的马匹数量占新疆马匹总数的五分之三，天马不但成了伊犁马的代称，更是哈萨克人的骄傲。但是，有的人说乌孙才是天马的故乡，这是怎么回事？让我们揭开历史的面纱，一起去探寻天马的故乡。

汗血马的历史

历史上乌孙国确以输送天马而著名，并对历史产生了重要的影响。陈寅恪先生曾对此做过重要的论述。蒙古国崛起之后，西征控制此地，并且攻打中亚的花剌子模国。从此，蒙古察合台汗国将乌孙纳入自己的版图中，随后大量信奉伊斯兰教的色目人迁入此地。乌孙故地成为伊斯兰教的活动区域。到1716年，乌孙故地被清政府命名为"伊犁九城"，"乌孙马"也被转称为"伊犁马"。

乌孙马与伊犁马的关系理清之后，让我们怀着好奇的心理去追溯一下马的历史。

马的历史比人类的历史还要早上几千万年。"天马行空""马踏飞燕"都是我国传说中神化了的好马的故事。但最著名的非"日行千里"的汗血宝马莫属。据说《射雕英雄传》中郭靖的小红马就是那神奇的汗血宝马。

汗血马史称天马、大宛马。有记载称：张骞出使西域得乌孙好马，汉武帝尤为珍爱，为其取名为"天马"。后来又得大宛汗血马，比乌孙马更加强壮，汉武帝便将"天马"的称号转赐给了大宛汗血马。昔日的乌孙马则被改称为"西极马"。

汗血马的祖先是生长在偏僻沙漠戈壁中的野马。据说它在奔跑时脖颈部位会流出带有红色物质的汗水。因其汗水鲜红似血而得名"汗血马"。为了得到朝思暮想的汗血马，汉武帝曾派壮士带黄金千斤和等身大的金马去换"汗血马"。未果后又两次大规模派兵远征大宛国。大宛国王审时度势，一看自己不是汉朝的对手，就择取其汗血马数十匹，与汉军结盟，然后汉朝才退了兵。

汉武帝在获得大宛的汗血马及其他众多良马后，迅速改良了中原的马种，优化了汉马的品种。更关键的是汗血马的引入大大增强了汉朝的生产力以及军队的装备力。

但"天马"最终还是在中国的西域消失了。

今天的汗血马

今天汗血马的产地主要在土库曼斯坦及其周边地区，在古代，这些地区都属于大宛国的领地。土库曼斯坦国总统曾送给我国一匹汗血宝马，据说该马的父亲身价曾达千万美元。

汗血宝马体形高大优美，头细颈高，四肢修长，轻快灵活。汗血马的奔跑速度非常快，跑完 1 000 米只需 1 分 5 秒，仅比世界公认的

速度最快的英国纯血马慢5秒，不愧曾是历史上最好的名马。

目前，我国的名马有：地方土种马和杂交培育马两大类。地方土种马包括生活在内蒙古锡林郭勒地区的蒙古马和新疆的哈萨克马；杂交培育马包括内蒙的三河马和新疆的伊犁马。

蒙古马体态粗犷结实，头重额宽、四肢粗壮，蹄质结实。蒙古马的生命力极强，能生存在极其恶劣的条件下。哈萨克马则属于草原型马种，体态轻盈，耳短，颈细并上扬，胸窄，后肢常呈刀状和外向。

新疆自古有伊犁马、巴里坤马和焉耆马三大名马。伊犁马是"天马"（大宛马）的后代，适宜于骑乘；巴里坤马是"神马"（胭脂马）的后代，体形矮小，但和蒙古马一样具有良好的耐力和速度，适于货运；焉耆马则是一种很独特的马，从小就练就了走沼泽如履平地的本领，所以特别适宜骑乘，旧时多用于驿道。

清乾隆年间伊犁就成立了供军需用马的马场，其规模是全疆第一的。伊犁马场现有四千多匹马，多是骑乘性轻型马，主要销往各大城市的马术俱乐部。

外国专家曾对汗血马的"汗血"现象进行过考察，认为"汗血"现象是受到寄生虫的影响

神秘现象

《金瓶梅》作者之谜

小说《金瓶梅》反映了明代市井生活的多个方面，是明代资本主义萌芽时期整个社会的缩影。《金瓶梅》的故事虽然取材于宋代，但反映的却是明代的市井生活，其社会价值和艺术价值在当前学术界已是公认的。近几年来，我国关于《金瓶梅》的研究取得了很大的成果。但却有一个谜题至今尚未被人解开，那就是《金瓶梅》的作者究竟是谁？

《金瓶梅》的版本有三种：第一种是明代崇祯年间的刻本《绣像金瓶梅》，第二种是明万历四十三年的刻本《金瓶梅词话》，第三种是康熙三十四年张竹坡在明崇祯本《绣像金瓶梅》的基础上批点的《第一奇书金瓶梅》。几种版本都署名"兰陵笑笑生作"。那么，这个"兰陵笑笑生"到底是谁呢？近几年我国学术界对此得出了以下几种不同的结论。

王世贞就是"兰陵笑笑生"

持这种观点的人早在清朝就已存在，他们还为王世贞为什么要写《金瓶梅》进行了生动的描述。据说王世贞的父亲曾向皇帝献上一幅《清明上河图》，但被识破是赝品，因此遭到严嵩父子的陷害，不幸身亡。王世贞为了给父亲报仇，创作了《金瓶梅》，书页上涂有毒药，又写些淫秽内容投严嵩儿子严世蕃的喜好。严世蕃读了此书后便毒发身亡了。这就是清代以后广为流传的"寓意说"和"苦孝说"的来历。

屠隆为"兰陵笑笑生"

一些研究者认为，能写好《金瓶梅》的人，一定是一位看透世间丑态，对一切都玩世不恭的人，而屠隆就是这样一个人。他喜欢叙说男女之事，而且在《开卷一笑》中曾用"笑笑先生"代名，和"笑笑生"很相近。此外，屠隆祖籍在江苏武进，有人说"兰陵"就是江苏武进，恰好应了"兰陵笑笑生"。更重要的是，《金瓶梅》在生活场景、思想内容的描绘上，都和屠隆的生活及思想很相近，因此这些学者认为屠隆就是《金瓶梅》的作者。

神秘现象

敦煌石窟之谜

历史上的甘肃是西域与中原地区交流的中转站，而甘肃境内的敦煌可以说是居于中转站的要塞地位，自然成为当时中西方文化、贸易交流的中心；对于"东传"的佛教，敦煌理所当然是近水楼台先得月，逐步发展成名副其实的佛教圣地。

石窟由何人建造

随着交通的进步，曾经绚烂一时的丝绸之路日渐没落，远在甘肃省境内的这个佛教圣地内所孕育的丰富的文化宝藏也随之被淡忘了。

直到1900年，正当八国联军大闹北京城的时候，虔诚的道士王圆箓竟然在敦煌的石窟群中，十分偶然地发现了一间堆满经书、抄本、佛像画、塑像的石窟。

这个石窟群位于鸣沙山附近，窟内建筑有如蜂窝，每个小石窟内部都有一尊雕刻得美轮美奂的佛像，而且在石壁上精绘着壁画。据历史学家、考古学家研究判断，这是在前秦（公元366年）时开始大兴土木，直到元朝初期才完成的工程。这里约有石窟1 000个，佛像共计48万尊，真是一项令人震惊的浩大工程。

可是，石窟究竟是谁修建的呢？石窟中有关佛学的书籍又是谁在研究呢？各国史学家纷纷组成了调查团进行研究，企图找寻一个答案。据史实记载，这里曾被许多凶悍的游牧民族入侵过，诸如吐蕃、回纥、西夏、吐鲁番……在经过频繁的战乱侵扰后，这些珍贵的文化财宝竟然丝毫未受到损害，难道真的是"佛法无边"？还是即使是野蛮民族也震慑于佛祖的神威，不敢擅自毁坏呢？对此，无人知晓。

神秘现象

悬棺之谜

　　悬棺葬是古代中国某些少数民族的葬式。悬棺葬遍及川、黔、滇、湘、桂、粤、浙、赣、闽、皖等省。现在主要存于福建武夷山地区和四川与云南交界的珙县、兴文、筠连等县。其中珙县的悬棺几乎包含了世界上各种悬棺的类型。美国学者曾激动地断言，珙县的悬棺也许可以解开困扰世界多年的悬棺之谜！

　　一批批的科学家来到珙县，兴致勃勃地想要破解千古谜题，但是都失望而归。人们只能印证珙县的悬棺很可能是中国最后的悬棺，是这种丧葬制度的终点。经过考证，科学家称采用悬棺葬的部族为"僰人"。这个生活在四川南部崇山峻岭中的神秘部族，是传说中的勇士，他们遵从"活得痛快，死得尊严"的生活准则。他们世代相传，把祖先的尸骨安葬在高高的悬崖上。这种风俗在明代万历年间却戛然而止，是什么原因使僰人放弃了自己的丧葬习俗呢？这些僰人如今何在，是全部灭亡了还是与其他民族融合在一起了？

悬棺谜影

　　20 世纪 70 年代，在众多科学家的倡议之下，中国政府开始了建国以来第一次对珙县悬棺的正式发掘。在那次发掘中，科学家们发现，僰人生活俭朴，大多数悬棺中只有很少的随葬器物。通过清理悬棺中出土的文物，科学家们发现了一件事情：大量的文物都出自明代，而且都在明代万历年间戛然而止，这究竟是为什么呢？

　　僰人雄居云、贵、川咽喉地带，且实力雄厚，成为西南少数民族领袖，因此成为中央政府的心头大患，明朝开国后。政府对僰人发动了多次征剿。1573 年，是明代的万历元年。这时候的明王朝开始了一个科技史上的崭新时代，人们开始重视科技的发展。1582 年，葡萄牙人利马窦来到中国，带来了西方先进的技术和发达的文明。随着中西方交流的不断发展，涌现出了大量科技文化书籍。在这一时期明王朝的冶炼技术取得了一个重要的突破，工匠们学会了煤的使用方法，这

使明朝军队的武器更加精锐，大大地增强了他们的战斗能力。而一把僰人的剑也将当时僰人的冶炼技术水平体现了出来。这把长剑的主人是一位僰人武士，从长剑的粗糙程度来看，当时僰人的冶炼技术非常低下，他们刚刚从青铜时代发展至铁器社会，对于炉温和原材料的控制，还没有完全掌握清楚，所以在武器制造方面大大地落后于自己的敌人。这种落后很可能带来致命的后果。

因此僰人与明军的战斗是两个时代的对决，远古与现代，刀枪与火药。胜负其实早已注定了。无论僰人如何勇猛，冷兵器时代的英雄也绝不可能打败装备着大炮的明军。就这样，明军依靠着遥遥领先的科技，最终获得了野蛮的胜利。

僰人后裔今安在

那么，当时有没有僰人可以幸存下来，躲过那次大难，并留下后裔呢？

专家们猜测，也许真的有僰人在历史的夹缝中活了下来。但是他们却再也不敢把先人的棺木挂在悬崖上。延续了数千年的悬棺葬历史就此销声匿迹了。这个部落已经消失了将近500年，他们的故事正在被人们遗忘，经历了无数次的灾难与战争之后，僰人全部消亡了吗？他们留下了无数难解的谜题。现在，人们发现了僰人与明王朝多次交战的证据，难道就是这些战争导致了悬棺部族的灭亡吗？英勇的僰人并不惧怕人数众多的明朝军队，也没有因为战争而全部灭亡。那么，还有什么力量可以威胁这些骁勇善战的人，使他们最终在历史中消失呢？

500年的岁月逝去了，许多事情都已经被遗忘，依旧被人们传诵的只有僰人神勇的史诗，还有他们留下的千古谜题。悬棺究竟是怎样放置上去的？僰人这个最终消失的部族，曾经兴起过吗？

神秘现象

中华图腾"龙"之谜

在中国文化中，龙有着极其重要地位和影响，从距今七千多年的新石器时代，龙的标志就渗透在社会的各个方面，成为一种文化的凝聚和积淀。

图腾指一个氏族的标记或图徽。处于氏族社会的原始人相信本氏族起源于某一动物、植物或其他特定物类，并认为这种物类是其氏族的象征和保护神，因而对其加以特殊爱护并举行各种崇拜活动。古往今来，有一种神圣的动物形象深深地扎根于海内外亿万炎黄子孙的心中，那就是无处不在、无所不能的"龙"。

龙的文化

人们将中华文化称为"龙的文化"，将中华儿女称为"龙的传人"。

在辽阔的神州大地上，处处都体现着"龙的文化"，彰显着对龙的崇拜。以龙为名的山川村镇不计其数：龙岗、龙城、龙泉……以龙命名的中式建筑不胜枚举：龙门、龙壁、龙亭……以龙为名的民俗比比皆是：龙舟、龙灯、龙笛……以龙为名的商家、以龙为名的人就更是数不胜数。古代皇帝自称"真龙天子"，金碧辉煌的宫殿里描绘着龙，雕刻着龙，简直就是"龙的世界"。现实生活中以龙为图案的服饰、器物、玩具随处可见，甚至言谈话语之间也离不开龙："龙凤呈祥""龙马精神""藏龙卧虎"……神话中的龙更是千变万化，能大能小，呼风唤雨，上天入海……人们喜爱它、赞颂它、崇拜它。龙成了吉祥的象征，更成为中华民族权威和神灵的象征。

龙是什么样子呢？千百年来人们在头脑中不断地勾画着它的形象。它集九种动物的特征于一身：头似驼、角似鹿、眼似兔、耳似牛、项似蛇、腹似蜃、鳞似鲤、爪似鹰、掌似虎。这些特征更给龙的本来面目蒙上了一层神秘的色彩。

图腾佐证

专家和学者们经过多年的研究和考证，初步揭开了中华民族龙的

崇拜之谜：龙是古老的炎黄子孙的"图腾"。

考古工作者在出土的文物中，找到了龙作为我国古代先民图腾的佐证：

西安半坡仰韶文化遗址中，有陶壶龙纹；

江苏吴县良渚文化出土的器物上，有似蛇非蛇的勾连花纹；

内蒙古红山文化遗址中出土了墨绿色的工艺品玉龙……

大量实例证明，对龙的崇拜在我国至少有 5 000 年以上的历史。

那么，龙到底是真实的存在，还是虚无的幻象呢？

如果是幻象，那么，它又是根据何种动物想象出来的呢？

有的专家学者持这样一种看法，龙是由鱼或蛇演化而来的。

最原始的龙的形象是西安半坡仰韶文化遗址中出土的陶壶龙纹。它的形象与后世的龙雏形相似，为蛇身鱼形，是仰韶文化居民的图腾崇拜。在山西襄汾夏墟遗址也曾发现与半坡遗址相似的龙纹。据此，有的学者指出，后世的龙的形象，基本由半坡鱼纹演变而来。从半坡到夏墟的原始龙纹的演变来推测，最早的龙应该是生活在水中的一种蛇状的长鱼。夏人和仰韶文化古人为什么把它作为图腾标志呢？有人推测是因为当时的人们常常面临洪涝灾害，所以期望人类能像龙鱼那样在水中自由自在地生活，于是就把龙鱼当成民族的保护神来崇拜。

近来更有学者认为，"龙"在古代确实存在，只不过它不叫龙，也不像人们想象的那样神奇。它就是一种巨型鳄——蛟鳄。这种鳄的外形。如头、眼、项、腹、鳞、爪、掌等都与"龙"相似。蛟鳄的寿命很长，可以达到数万年以上。有些鳄类动物具有一些奇异的功能，例如可以敏锐地感受到大自然气压的变化而预知晴雨。每到下雨之前，便常常怒吼不止，其声如雷。古代先民无法解释这种现象，视其为神兽，拜它为雷神、雨神或者鼓神。还存在一种可能，远古人类过着狩猎和游牧生活，和不同的野兽打交道，从没见过蛟鳄这种如此神秘、如此具有威胁性的动物，因而害怕它，崇拜它，把它看作是地神、水神和战神，再由此逐渐演化为"龙"，使其更具神秘感。

据说，以蛟鳄为图腾的，还有古代巴比伦、印度和玛雅文化的先民。

龙生九子

而中国龙的形象更是千姿百态，中国自古传说"一龙生九子，九子各不同"。

螭吻：喜欢登高望远，能喷浪降雨，因而它通常被装饰在建筑物的屋脊上，用以防火。

蒲牢：爱吼叫，喜爱音乐，因而它常被用来装饰大钟，做钟顶的钟钮。

赑屃：样子像龟，善于背负重物，还喜欢文字，爱扬名，因此，让它驮石碑。

狴犴：样子像老虎，是威力的象征，因此把它装饰在监狱的大门上，用来威吓罪犯。

饕餮：生性贪吃，所以人们把它装饰在盛装食物的器皿上。

狻猊：样子像狮子，喜欢烟火，它一般被装饰在香炉上。

椒图：样子像螺蚌，善于封闭和保护自己，因此人们把它装饰在大门上，用来守门。

睚眦：传说中它性情凶残，爱争斗厮杀，所以它被装饰在刀剑的柄上。

虫八蝮：平时最喜水，所以它大都被装饰在桥头柱、桥洞和桥栏等处。

正因为龙的九子的性格和爱好各不相同，所以它们常以不同姿态出现在具有古代风格的建筑和器物之上。

神秘现象

迷雾重重的故宫

　　故宫又称紫禁城，是明清两代的皇宫，至今已有五百六十多年的历史。这里曾居住过 24 个皇帝，既是皇帝举行大典和召见群臣、行使权力的场所。也是皇帝和后妃、皇子们生活居住的地方。故宫 3 000 米长、10 米高的宫墙，使它看起来就是一座壁垒森严的城堡，而这座城堡也给后人留下了一个个不解之谜。

紫禁城

　　故宫的别名紫禁城应作何解释呢？紫禁城的"紫"是指紫微星垣。我国古代天文学家将星宿分为三垣、二十八宿和其他星座。三垣指太微垣、紫微垣和天市垣。紫微垣是中垣，又称紫微宫、紫宫，在北斗星的东北方。古人认为那是天帝居住的地方。封建帝王以天帝之子自居，他处理政务与生活

起居的地方也就成了天下的中心，而皇宫又是等级森严的封建社会中最高级别的"禁区"，于是用"禁"字来强调皇宫的无比尊严。

故宫房间知多少

　　故宫的房间数量之多难以计数。有人说，有 9 999 间房；有人说，应该有 9 999 间半，那么，多余的半间在哪儿？

　　实际上，故宫所谓的半间房是根本不存在的。所谓的半间是指文渊阁楼下西头的一小间。它的面积颇小，仅有一座上下用的楼梯，但仍是一整间房子。文渊阁是曾经存放我国第一部《四库全书》的处所，它一反紫禁城房屋多以奇数为间的惯例，采用了不讲对称的偶数——6 间，但为了布局上的美观，又在西头建造了格外小的一间，

故宫于1961年被国务院宣布为第一批"全国重点文物保护单位"。1988年故宫被联合国教科文组织列为"世界文化遗产"

似乎是半间房。那么故宫房屋到底有多少呢？据实地测量有8 600余间。

冷宫何处

来故宫参观的人都很好奇"冷宫"在哪里，很想知道皇帝究竟是否过着"三宫六院七十二妃"的生活。所谓"三宫六院"中的"三宫"是指故宫中路的乾清宫、交泰殿和坤宁宫。六院分别指东路六宫：斋宫、景仁宫、承乾宫、钟粹宫、景阳宫及永和宫。皇帝的妻妾众多，据说有"七十二妃"或"粉黛三千"。据《礼记》记载，周朝的制度是"天子后六宫，三夫人，九嫔，二十七世妇，八十一御妻"，这说明，早在我国周代，天子的妻妾就有夫人、嫔、世妇、御妻等名号，数量也相当惊人。

被选到宫中的女子，一旦失宠，便在宫中禁室里等死，颇为悲惨。故宫的"冷宫"在哪里？历来有两种说法，一说即是乾清宫和长春宫；一说"冷宫"并无定所，关禁王妃、皇子的地方便俗称"冷宫"。

明、清史料中显示紫禁城无"冷宫"匾额，冷宫并不是某一处宫室的正式名称。根据一些文献记载，明、清时代被作为"冷宫"的地方有好几处。

明末天启皇帝时，成妃李氏因得罪了权势显赫的太监魏忠贤，由

长春宫被赶到御花园西面的宫殿，一住 4 年。这个"冷宫"位于紫禁城西面。

光绪皇帝的珍妃被慈禧落井之前，据说被关在景祺阁北边的宫殿（现坍毁），位于今天珍妃井西边的山门里。如果传闻属实，则此地也算是一处"冷宫"。

"门"字之谜

故宫各门匾中"门"字末笔都是直下至底没有向上的钩脚，这是为什么呢？"门"字这样写，在宋代就有。据说宋都南迁临安后，玉牒殿失火，殿门烧光。宰臣奏说，宫殿匾额中的"门"字，末笔都有钩脚，带火笔，因此易发生火灾，将这些匾额全部烧掉方能免灾。从此，凡宫殿的匾额，书写时"门"字末笔都直下，不带钩脚。

还有一个关于"门"字的故事，更能说明宫殿匾额"门"字无钩的原因：明太祖在南京命詹希原写太学集贤门匾，詹希原所写均为有钩的"门"字，多疑的明太祖大发雷霆说："我要招贤，你却要闭门，塞我贤路！"遂下令斩之。

故宫由谁设计

故宫这样宏伟的建筑，光设计就是一个浩大的工程，那么，究竟是由谁负责设计，又是由谁主持施工的呢？这的确是个历史谜团，目前大多数人都认为故宫是明代一位杰出的匠师，姓蒯名祥，人称"蒯鲁班"的人设计的。

但是，近年来故宫博物院古建部的高级工程师们提出了不同意见。他们认为，蒯祥只是故宫的施工主持人，故宫真正的设计人应该是名不见经传的蔡信。

神秘现象

护珠斜塔不倒之谜

在我国古代文化中，建筑占有重要地位，它们巧夺天工，实用美观。那么，这些历久经年的建筑，古人是怎样建成的呢？这些古建筑工艺和材料在我们现代建筑中能否借鉴呢？

中国第一斜塔

世界上最著名的斜塔毫无疑问是意大利的比萨斜塔，但在其他国家或地区也有斜塔，不过没有比萨斜塔那么著名。在我国上海南面的天马山上，就有一座斜而不倒的塔，叫"护珠塔"。现在护珠塔向东南方向倾斜6°51′52″，有人认为它比世界著名的意大利比萨斜塔倾斜得还要厉害，是真正的世界第一斜塔。

登上天马山巅，放眼四野，阡陌交错，河流纵横，村镇星罗棋布，一切都在脚下，使人心旷神怡。护珠塔的底层已有三分之一的墙砖没有了，整个斜塔仅靠不到三分之二的底层砖墙支撑着。塔的顶部也已没有，各层檐木结构的痕迹，还能隐约看见。塔旁写着危险的警告牌。走进塔内，空空荡荡，抬头仰望，极目苍天，加上山顶风大，让人觉得危塔马上就要从头顶倒下来似的，令人胆寒。

护珠塔的由来

护珠塔又名"宝光塔"，在北宋元丰二年（1079年）建造，这是一座七层八角形砖木结构的楼阁式宝塔，塔高有三十多米。在清朝乾隆五十三年（1788年），山上因作佛事，燃放爆竹引起火灾，烧毁了塔心木以及各层木结构，引起塔身倾斜。护珠塔到现在已有九百多年的历史。数年来，塔虽倾斜却始终屹立于天马山巅，斜而不倒的原因众说纷纭，归结起来有4种：

第一种是当地传说：塔是向东南倾斜的，而在塔的东南面有一棵古银杏树，它是"松郡九峰"之一的仙人彭素云在500年前种植的，树的枝叶都西向，虽然后来树枯死了，但它依靠神力，仍然对护珠塔遥相支撑，所以使塔不倒。这是一个美丽的神话，当然不足以信。

第二种说法是根据地质构造来分析的。依据有关专家考察，天马山护珠塔建造在沉陷的地基上，东南方向土质比较疏松，西北方向土质比较厚实。塔就向东南方向倾斜。但浙江一带盛行东南风，护珠塔造在天马山顶，四周空旷，所受风力更强，当塔的倾斜力与风力相平衡时，护珠塔就迎风挺立，斜而不倒。

第三种说法是根据古代建筑技术来解释的，认为是古代造塔技术的高超才使塔屹立不倒。古代用糯米汁加入桐油石灰来黏合砖块。这种黏合剂的强度不同于现代的水泥砂浆，而且据说用这种黏合剂来建筑时，时间愈久愈坚固。在考古发掘中，许多古代的坟墓都是用糯米汁与石灰等作为黏合剂的，现在发掘古墓时，要费很多周折才能把它拆除。护珠塔用这种优良的黏合剂，加上古代砌砖技术的精湛，使其能够浑然一体，因此塔砖也就不会塌落下来。

现在国家要抢救这座珍贵的千年古塔，上海市文物管理委员会早已积极组织力量，全面抢修斜塔，组织专家制订方案，贯彻"外貌不变，斜而不倒"的原则。在抢修时，发现塔身上部虽已倾斜，但埋入地下的塔基却并没有改变，所以形成了斜而不倒的独特现象，这是第四种看法。

离奇的缘由

有传说在古代造塔时，砖缝里填有铜钱，不仅为了使砖层平整，宝塔坚固，还有一种迷信思想，认为可以镇妖避邪。所以后来不断有人在塔砖中寻找铜钱，塔砖就被拆掉，塔的底部也就逐渐倾斜了。

从古至今，无数次的狂风暴雨，把山下的房屋都吹倒了。1954年刮的12级台风甚至将塔下的大殿都吹倒了。还有1984年的黄海地震，上海市区的房屋都摇摆震动，但是护珠塔却仍然矗立在天马山巅，耸入云霄，迎风屹立，毫不动摇。这些经历更使护珠塔的不倒之谜变得异常神秘。

神秘现象

神秘的西夏王陵

被称为"东方金字塔"的西夏王陵，位于贺兰山中段东麓，距宁夏银川市城区35千米。陵区东西宽4.5千米，南北长10千米，总面积近50平方千米，陵区内共有9座帝陵，约250座陪葬墓。西夏王陵考古调查与发掘工作是从20世纪70年代初开始的，宁夏文物考古工作者先后对5、6、7号陵和3号陵，以及一些陪葬墓进行了局部发掘。

出土的遗迹及文物表明，陵内建筑从南门、献殿到陵塔都在由南向北的一条线上，略偏向西北。陵城4个角由群塔组成，其中南边2个城墙角各5座塔形建筑，北边2个城墙角各7座塔形建筑，4座城门两侧各3座塔形建筑，整个塔形建筑高低错落，衬托着底部直径约34米的中心陵塔。陵塔为一座圆形密檐塔，内部为夯土结构，外檐有装饰瓦。

陵园围墙的底部宽3.5米，陵城墙体为红色，顶部铺瓦，其滴水瓦刻有完整而精美的兽形纹路等装饰图案。

陵城东、西、北门均为面阔3间的门屋，没有城门洞。南门用于走人，且此门台基长21米、宽12米，墁道上铺有花砖，路面也比其他城门的墁道宽。

陵城每个角阙分别由5个呈近圆形的夯土台基组成，由青砖包砌台基外层。据推测，它的上面原有塔形装饰性建筑。专家们认为，这种由多个近圆形建筑组成的角阙的发现，目前尚属首例。每座建筑物类似亭式塔，并饰以迦陵频伽。这些建筑形式具有西夏佛教的突出特色，同时也吸收了中原汉唐文化的特色。

在月城门两侧还有柱洞，由此可以推断月城门为等级很高的木质城门。月城内东西方向50米内排列着两排石像底座，石像不足2米高。专家认为，把文臣武将集中摆列在月城，突显了皇家陵园的威严和气势，同时也再现了主人生前的生活场景。

神秘现象

图瓦人为何"拒绝"现代文明

靠山吃山，靠水吃水。大自然对人们是毫不吝啬的，图瓦人依靠丰富的自然资源，在喀纳斯湖边过着吃穿不愁的日子，但这种日子还能过多久，谁都无法预知……

大山深处的图瓦人

在中国西北部最边缘的山脉深处居住着图瓦人。他们生活在俄罗斯、蒙古、哈萨克斯坦接壤的地方，一边放牧，一边农耕，一边狩猎，一边采集，自给自足，自得其乐，过着闭塞而原始的生活。

图瓦人有二千二百多人，他们是蒙古人的一支，大部分聚居在布尔津县的喀纳斯蒙古族乡和哈巴河县的铁勒克乡白哈巴村。直到现在，人们还找不到任何文字材料可以确凿地说明这些生活在喀纳斯的蒙古族图瓦人是从哪里来的，属于蒙古族的哪一个部落，他们怎样到达喀纳斯，又是怎样定居下来的。即使是年纪很大的图瓦老人对他们祖先的遗迹也缺乏了解，毕竟时光已经走过了几个世纪。

哈巴河县铁勒克乡白哈巴蒙古村村长格尔力说，图瓦人是 200 年前从俄罗斯过来的。在俄罗斯境内，至今还生活着 33 000 名图瓦人。他们是否就是二百多年前蒙古族土尔扈特部的子孙，在那次史诗般的万里迁徙中来到中国的？

土尔扈特部的反抗

　　蒙古族土尔扈特部原来居住在中国西北地区，是中国额鲁特蒙古族的一部分。额鲁特蒙古族原分4部，即游牧在乌鲁木齐一带的和硕特部，在额尔齐斯河一带游牧的杜尔伯特部，在伊犁河一带的准噶尔部和塔尔巴哈台一带的土尔扈特部，他们结成了松散的联盟。17世纪初，准噶尔部势力强大起来，想要兼并其他三部。土尔扈特部不愿坐以待毙，于17世纪30年代在首领鄂尔勒克的率领下，渡过恩巴河和乌拉尔河，来到乌拉尔河和伏尔加河两岸下游广大地区，过着一边放牧，一边农耕的生活。经过几代人的努力，那片大漠荒原被开垦成了羊肥马壮、粮食充足的家园。

　　然而，他们虽然躲过了准噶尔的同族兼并，却还是落入了"北极熊"的血口。1762年，俄国女王叶卡捷琳娜二世即位。这位野心勃勃的沙皇女王加紧了对土尔扈特人的掠夺和压榨。于是，1770年秋，土尔扈特部蒙古人在北迁伏尔加河后的第七代首领渥巴锡的带领下，决计彻底摆脱沙俄的控制和奴役，于是他们离开生活了一百多年的伏尔加河牧地，踏上了回归中国的征途。他们一路上不断地与围追堵截的沙俄军队作战，同时还得提防后面哥萨克追兵，后来又误入了巴尔喀什湖畔的大沙漠。沙漠里没有牧草，湖水咸得像卤汁一般，他们只得杀掉牛马饮血来维持生命。不久，队伍中又流行痢疾，许多人倒在了回归中国的途中。

1771 年 6 月，土尔扈特蒙古人终于抵达伊犁附近伦他木哈一带，完成了九死一生的万里迁徙，这时候部族的人只剩下了出发前的一半。

也许就在渥巴锡率部从斋桑泊以西折向南部的巴尔喀什湖时，有一部分土尔扈特人继续向东钻进了阿尔泰山，来到了人迹罕至的喀纳斯。在这片美丽的土地上，他们决定停住痛苦不堪的迁徙脚步，在这里定居下来，也许他们就是现在的图瓦人的祖先。

定居的图瓦人

图瓦人眼睛细狭，鼻子窄小，面庞宽大，颧骨突出，脸色红扑扑的，有着典型的蒙古族特征。他们的语言中带有许多古突厥语成分，因此其他蒙古人很难听懂他们说的话，但他们却能懂得其他蒙古人的语言。虽然他们不再穿传统的蒙族服装，但还是保留着许多蒙古族的习俗。他们为什么能够放弃游牧生活，并且依然使用突厥语成分很大的语言呢？在历史上，蒙古族很少有定居在一个地方并从事农耕的。虽然他们有的也曾试图脱离游牧生活，但由于他们所处的地带是很难让人永久居住的地方，而且耕稼定居所积的房产财谷，很容易招致游牧民们的妒羡而导致财产遭劫掠。但图瓦人还是定居了下来，谁也无法说出这其中的奥妙。

图瓦人在喀纳斯湖边建造起了像地堡一样的木楞小房，房子大约有半截埋入地下，这样做可以抵御冬天的寒流风雪，顶上用木头支撑成弯形，像毡帐一样还留有天窗，再覆盖上泥土，时间长了泥土上面就长满了茅草，仿佛一座座小山包。牲畜就圈在附近的围栏里。村子里居民很分散，因为每家都有很大的围栏。他们还在肥沃的山坡上耕种一点大麦和燕麦，并且种一些供他们自己吸食的味道浓烈呛人的烟草。高大的伊犁马是他们的交通工具，酒是他们生活的调剂品。

靠着丰茂的水草，喀纳斯湖畔的图瓦人世代过着吃穿不愁的日子。他们的经济来源主要依靠畜牧。每年都能向从山下来收购的商人出售 5—10 只羊，两三头牛。马肉是他们最爱吃的肉食，马肉的纤维虽然粗一些，但味道鲜美，皮毛还可以卖钱。在水草丰茂，极少有天灾的喀纳斯，放牧根本不成问题，但要使牲畜度过漫长的冬季，就要储备充足的饲料而且要细致周到地照管它们，而这就要看各家的劳动力情况了。

图瓦人的粮食不能自给的时候主要靠政府供应。有时，他们也用

奶茶拌食炒熟的大麦制成炒面粉"达木干"。制"达木干"是图瓦妇女很艰辛的一项劳动，因为这完全是靠她们的体力将大麦制成粉。他们不种菜，也很少吃菜，要吃菜的话，得到山下很远的哈巴河县城去买。

每到深秋时节，图瓦人就会到山上打松籽。他们也常常采集山里盛产的贝母、柴胡、虫草等药材。他们还能在喀纳斯湖里捕捉到大红鱼，到山里打来松鼠、狼、雪豹和狐狸等猎物，这些不仅给他们带来了野味，还带来了可观的收入。

当地的图瓦人有的人家是靠养马鹿来致富的。马鹿是国家保护动物，不得猎杀，因此图瓦人就想了一个折中的办法，他们到山上捕捉马鹿，关到家里养起来，每年锯取鹿茸出售。捕捉马鹿一般在冬季，人们将一些草放在高处，设下绳套，等到马鹿一来吃，鹿角就被套住，埋伏好的人一拥而上将鹿扳倒，蒙上眼睛，再用爬犁拉回家。一只七八岁的成年鹿每年能够产十多千克的鹿茸，一千克鹿茸时价是一千五百元，一头鹿一年卖茸就可得一两万元，而鹿本身也值两三万元。那么饲养七八头鹿也就会有几十万的家产了。

潜在的危机

虽然喀纳斯富饶美丽，图瓦人不愁穿不愁吃，但他们的生活并不像田园牧歌一样和谐美好。他们的生活方式中已经潜伏了对他们不利的因素，他们已经面临着灭绝的危险。

自从图瓦人四处飘泊的祖先200年前在喀纳斯定居下来以后，他们就一直在这里过着平淡而原始的生活。年轻人恋爱，结婚，生孩

子，抚养孩子，渐渐成为老人，然后在儿孙们的环绕下尽享天伦之乐，最后安静地死去。死后用白布裹尸，虽然有祭祀，但是没有碑文，完全与朴实的大地融为一体。

因为图瓦人长期封闭地生活在喀纳斯，与他们相邻的只有游牧迁徙且与图瓦人有不同宗教信仰的哈萨克族，所以图瓦人结婚就只有近亲结合。这样自然影响到他们的人口素质，也使其人口数量急剧下降。政府为此曾经想方设法将他们迁移到山下，给他们盖了土房，圈划了牧场，可他们又很快自行返回山上。

他们安于祖祖辈辈不变的生活，从来就没有想过会有"山穷水尽"的一天。他们并不穷，有的人家即使家徒四壁，缺少生活用品，他们也有值钱的牛羊和马鹿，有足够的美酒，事实上他们并不知道他们会缺少什么东西。太阳从山头上升起来，又从山头上落下去，这只不过是光明与黑暗之间的循环和交替。他们在家里挂着的自鸣钟是一个形同虚设的装饰物。时间只是一种没有止尽，用来消磨的东西。白天他们就做着白天要干的活计，晚上他们就干夜晚要做的事情。就像道家想象的，一切都是自然的，就像白天有太阳、云彩，晚上有星星、月亮一样。

在漫长而寒冷的冬季，大雪封山达5个月，他们更是只能窝在家里，用烈酒打发长达十六七个小时的黑夜。在喀纳斯他们不需要电，也不需要电视或其他现代文明，他们只要酒，只爱酒，男女老少都喝酒。他们把酒亲切地称为"阿拉干"。对他们来说，富有就等于有"阿拉干"喝。

但是几年、几十年以后，他们是否还能喝酒、捕捉马鹿，过着日出而作，日落而息的生活呢？到那时他们若是无法再像今天这样安然富足地生活，该何去何从呢？

神秘现象

西汉巨额黄金突然消失之谜

从秦汉时期开始，黄金成为主要的流通货币，然而在东汉年间，黄金突然消失，退出流通领域。西汉时期的巨额黄金到哪里去了呢？说法有四：一种是佛教耗金说；一种是外贸输出说；一种是黄金为铜说；一种是地下说。但不论是哪一种解释都无法自圆其说，西汉巨量黄金失踪之谜仍是一个未解的疑团。

在我国古代秦汉时期，黄金是主要的流通货币，赏赐、馈赠动辄上千万。楚汉战争时期，陈平携黄金40万两，到楚国行反间计；刘邦平定天下后，叔孙通定朝仪，得赐黄金5 000两；吕后死后，遗诏赐诸侯王黄金各万两；梁孝王死后，库存黄金400万两；卫青出击匈奴有功，受赐黄金200万两；王莽末年，府藏黄金以10万两为1匮，尚有60匮，他处还有10多匮……秦汉黄金之多令后世惊奇，但到东汉年间，黄金突然消失，退出流通领域，不仅在商品交换中重新流行以物换物，而且赏赐黄金也极少见了。那么，西汉时的巨量黄金到哪里去了呢？后世学者给出了种种推测和考证。大体有佛教耗金说、外贸输出说、黄金为铜说和地下说。

佛教耗金说

自从佛教传入中国以后，各处都修建寺庙、雕塑佛像，不论京城大都还是穷乡僻壤，各种佛像都用金涂。加上当时风俗侈靡，用泥金写经、贴金作榜，这样积少成多，日消月耗，就把西汉时期大量的黄金消耗殆尽。但是，有人提出了不同观点，他们认为佛教耗金说既违历史又悖情理。因为史书明确记载，佛教传入中国是在东汉初年，当时的佛教在中国初来乍到，只能依附于中国传统的道家和神仙思想，根本不会大张旗鼓地修寺庙、塑佛像，所以用不了那么多黄金涂塑像，即使有其耗费量也微乎其微，不至于导致巨额黄金突然消失。而且西汉巨额黄金退出流通领域是在东汉开国时期就发生了，当时的佛教还没有传入中国。

外贸输出说

西汉巨量黄金突然消失是因为对外贸易而导致黄金大量流向国外。这种说法显然也与事实相违，因为西汉时期，中国是世界上经济和文化都很发达的国家，是商品输出国，只有少量的黄金流到西域用来购买奇珍异宝。与之相反，西汉时期丝绸之路开通后，中国向西方输入了大量的丝绸、布帛和瓷器，换来了大量的黄金。如当时的罗马帝国，为了获得中国的丝绸产品，用大量的黄金进行交换，甚至有的学者认为，罗马帝国经济之所以衰退就是因为用黄金换取中国的丝绸。

黄金为铜说

也有人认为，史书上记载的西汉时期大量黄金实际上指的都是"黄铜"，所以才会数量巨大。因为从历史上看，从秦汉黄金开采量上看，从对外贸易看，西汉不可能冒出那么多黄金。人们惯以"金"称呼钱财，有可能把当时流通的铜称作"黄金"。这种说法也于理不通，因为汉代时金、铜区分极明显，朝廷分别设立金宫和铜宫来管理金矿与铜矿的开采；黄金、铜钱都是当时流通的货币，黄金为上币，铜钱为下币；黄金主要用于赏赐、馈赠，铜主要用于铸钱和铸造一些器物。黄铜和黄金泾渭分明，根本不可能混淆。

地下说

地下说有两种，一种认为黄金以金币的形式窖藏在地下；一种认为黄金被作为各种金器金物随葬在墓中。前一种观点以科学家们对地球黄金开采的预测为根据，科学家预测，自古至今人类在地球上共开采了超过9万吨的黄金，而现在留在世上的只有6万吨，其余三万多吨都被窖藏在地下。而且考古工作者也不断在地下窖中发现西汉黄金。由此说明西汉大量黄金突然消失，是因为有人将黄金窖藏于地下，后因

战乱或其他灾害，藏主不是死了就是逃亡了，而使这些藏金失传。地下窖藏说似乎很科学，而且还有考古发掘实物为证，西汉黄金消失之谜仿佛可以解开了。但是仔细分析就会发现，这种说法也有它的漏洞，因为无论是私人还是国家贮存巨量黄金的金库总是有证可取的，怎么会一场战争或一场天灾人祸后，所有的黄金拥有者都死去或无法找到自己的财宝所在了呢？如果说一部分因窖藏而消失还可以理解，而那么巨量的黄金都是因窖藏而不知所终则令人难以信服。后一种观点的依据是汉代盛行厚葬之风，大量的黄金作为殉葬品被随葬在墓里。西汉时期朝廷规定天下贡赋的三分之一供宗庙，三分之一用以赏赐、馈赠那些忠于朝廷的文臣武将和敬待外国来宾，剩下的三分之一则用以营造陵墓，构建再生世界。而黄金作为当时的上等货币，是财富的象征，其三分之一用于随葬是完全可能的。而且这个推理和今日科学家的预测不谋而合。但事实上，许多汉代的坟墓自埋葬日起就已成了盗墓者们的众矢之的，因为汉朝有用玉衣随葬的习俗，再加上随葬的大量黄金，这么巨大的财富肯定不会被盗墓者放过。埋葬在地下的其他种种奇珍异宝，为何唯独黄金奇迹般地消失了呢？

看来以上几种说法都无法自圆其说，西汉巨额黄金的突然失踪仍是一个未解之谜。

神秘现象

武夷山九曲溪悬棺之谜

悬棺葬是历史悠久的丧葬形式，下葬地点一般选择在临江面水的悬崖绝壁上。棺木被放置在距离水面数十至数百米的天然或人工开凿的洞穴中，有些则直接安放在悬空于水面的木桩上。至今，武夷山九曲溪两岸峭壁上仍有十余处悬棺遗迹保存下来。

悬棺的文化内涵

科学家使用 C_{14} 技术测定出，白岩和观音岩这两具保存完好的船棺已有三千多年的历史，随葬的龟形木盘是具有商周青铜文化特征的遗物。

古时候，我国南方聚居着许多大大小小的部落，这些部落大多具有某些共同的文化特征，被现代人统称为古越人。船是古越人生活必备的用具，用船棺的形式安葬死者是对死者的敬重。而古人对于高山又十分敬仰，于是他们又把逝者安放在最接近"天神"的地方，使他们的遗骨不被世人打扰，这样可以让他们更好地庇佑后人。

悬棺怎样被放至半空

数百千克重的棺木是如何被安放在悬空的绝壁上的呢？放置悬棺的峭壁背后或两旁地势通常较为平缓，人们先将棺木运上山，工匠凿好洞穴或架好木桩后，再将棺木吊装好。据三国时吴人沈莹的《临海水土志》记载，当时浙江瑞安至福建连江一带的"安家之民""台湾土著"和"夷州民"在文化习俗上非常相近，都有悬棺葬的习俗。而在今天台湾偏僻的小岛兰屿居住的雅美人，这种葬俗仍被保留着。

神秘现象
马王堆古尸千年不腐之谜

对于古人的生活状况，历史学家们不仅仅从古籍和文物的研究中探寻，还将目光集中在那些神秘莫测的古墓中。

发现千年古尸

湖南马王堆古墓中出土的这具神秘女尸，震惊了全世界。人们无比惊讶，为什么历经 2000 年的漫长岁月，这具女尸不但外形完整，而且面色鲜活，发色如真！经过解剖，其内脏器官完整无损，血管结构清晰，骨质组织完好，甚至腹内仍存一些食物。仿佛这具女尸不是千年的遗留，而是刚刚死去。这千年不腐的女尸，带给人们一个个不解之谜，困扰着许多历史学家。

1972 年，考古工作者在湖南马王堆发掘出三座西汉墓葬。墓前有斜坡墓道，墓顶有封土冢，是长方形的竖穴木椁墓。其中 1 号墓的土冢高 5—6 米，墓扩口长 20 米，宽 17.9 米。土扩墓口从上到下有 4 层台阶，深 16 米。墓内有 4 棺 1 椁。棺为重棺，外棺为黑漆素棺，2 层棺为彩绘棺，3 层棺为朱地彩绘棺，内棺髹漆，内红外黑，并饰以绒圈锦和羽毛贴花绢，盖板上覆盖着帛画一幅。

内棺的墓主人是一位约 50 岁的女性，她全身裹殓着各式衣着和 18 层丝麻织物制的装被，这些都浸泡在 20 厘米深的茶色液体里。

由于尸体保存得非常完好，使得各地前来的专家、学者得以在解剖学、组织学、微生物学、寄生虫学、病理学、化学、生物化学、生物物理学、临床医学，以及中医中药学等诸多学科进行深入地合作和研究。通过肉眼及病理组织、电镜观察、X 射线、寄生虫学研究、毒物分析等的研究，女尸的死亡年龄、血型、疾病、死因等诸方面已经有了结果。墓主人生前患有多种疾病和损伤性症状，可能死于冠心病。

古尸为何能不腐呢

一般来说，古墓中的尸体留至今天，只有两种结果：一是腐烂。因为随葬品中大量的有机物质必然在有空气、水分和细菌的环境里很

快腐烂，棺木也会腐朽，最后尸体也难免烂掉，只剩下骸骨，甚至碎末。二是形成干尸。这是在极为特殊的气候条件下形成的。在特别干燥或没有空气的地方，细菌微生物难以生存，尸体迅速脱水，成了皮包骨的"干尸"。

马王堆的女尸为何成为"湿尸"而不腐烂，据考察，有五方面的原因。

其一，尸体的防腐处理得好。经化学鉴定，它的棺液沉淀物中含有大量的硫化汞、乙醇和乙酸等物。这说明女尸是经过了汞处理和浸泡处理的，其中硫化汞在尸体防腐固定上的作用是很明显的。

其二，墓室深。从墓室的条件看，整个墓室建筑在地下 16 米以下的地方，上面还有底径 50—60 米、高 20 多米的土堆。既不透水也不透气，更不透光。这就基本隔绝了地表的物理和化学影响。

其三，封闭严。墓室的周壁均用黏性强、可塑性大、密封性好的白膏泥筑成，泥层厚 1 米左右。在白膏泥的内面还衬有厚为 0.5 米的木炭层，共 5 000 多千克。墓室筑成后，墓坑再用五花土夯实。这样，整个墓室就与地面的大气完全隔绝，并能保持 18℃ 左右的相对恒温，这不但隔断了光的照射，还防止了地下水流入墓室。

其四，隔绝了空气。由于密封好，墓室中已接近真空，具备了缺氧的条件，使厌氧菌得以繁殖。在椁室中存放的丝麻织物、漆器、木俑、乐器、竹简等有机物，特别是陪葬的大量的食物、植物种子、中草药材等，产生了易燃的沼气，从而加大了墓室内的压强。沼气能杀菌，高压也让细菌无法生存。

其五，棺椁中存有神奇的棺液，起到了防腐和保存尸体的作用。据查，椁内的液体深约 40 厘米，而棺内的液体深约 20 厘米，但它们都不是人造的防腐液。那么，这些棺液是哪里来的呢？经科学研究分析，椁内的液体是由白膏泥木炭、木料中的少量水分、水蒸气凝聚而成的，而内棺中的液体则是由女尸身体内的液体化成的"尸解水"等形成的。正因为有这种自然形成的棺液才防止了尸体腐败，并使得尸体的软组织保持了弹性，肤色如初，栩栩如生。

千年的亡魂，在重见天日之时，随同所有出土的文物，散发着迷人的光芒，让人流连于不解的迷宫长廊之中。

神秘现象
星星峡之谜

在甘肃和新疆的交界处，有这样一个地方，那里没水、没草、没树，找不到一块阴凉的地方休息，而且那里的气温可以达到零上53℃。这个地方就是星星峡，考古专家们在这里发现了大量的干尸。那么，这里到底隐藏着什么样的历史秘密呢？

荒漠中的古墓群

由敦煌向西就进入了中国最大的内陆盆地——塔里木盆地，这个盆地的中央是中国最大的沙漠——塔克拉玛干沙漠，其面积为32万平方千米，相当于意大利和比利时国土面积的总和。

从玉门关到河西走廊外的第一个绿洲——新疆哈密，要穿过400千米的大戈壁滩，晋代大旅行家法显和尚称这块渺无人烟的戈壁滩为"流沙河"。

可是，就是在这样的地方，考古学家们却惊奇地发现了无数保存完好的古迹。

在哈密市西南75千米处的一片干涸的古河床旁边，考古学家发现了五堡古墓群。这个古墓群一共有1 000多座3 200年前的墓。1978年和1986年新疆考古研究所先后在这里进行过两次大规模发掘，共发掘出79具干尸，以及铜器、石器和陶器等物。

哈密文物局的专家为在场的中外学者试挖了一座古墓，他们发现墓内有一具男性尸体，他头戴毡帽、身穿毛皮长袍，脚上套有高筒靴子。可能是因为墓内气候比较干燥，所以尸体已干化，但肌肉仍有弹性，而且眉毛也没有脱落，头发呈现金黄色。经碳化测定，五堡古墓的尸体距今已有3 200年。他们生前属于哪个部落？这个部落的下落如何？这些疑问对专家们来说仍然是个谜。

高昌古城

高昌城就是矗立在吐鲁番境内的火焰山脚下的沙漠古城。高昌城始建于公元前1世纪，历经一千三百余年的变迁，于14世纪毁于

战火。

高昌城的布局与唐代的长安城极为相似：宫城在北，内城在南，而且还有大面积高大建筑，外城有一座大型寺院，在寺院的大殿内还有壁画痕迹。寺院附近，留有手工作坊和集市遗址。城北是一片茫茫戈壁，高昌城废弃之前，城内居民死后大都安葬在这里。外城南部，有一排建筑物遗址，那里有许多大陶缸、陶瓷残片，显然是酿造葡萄酒的作坊。

20 世纪初，西方各国的探险家先后在这里进行过大量发掘，使这座在中国历史上占有重要地位的古城惨遭破坏，据说仅德国考古学家勒柯克就从这里盗走了四百多箱文物。

距高昌城 5 000 米处的阿斯塔那古墓群素有"地下博物馆"之称。人们在这座墓群中较为重要的发现就是大量的织绣物。织绣物的绚丽图案和精湛织术显示出当时的织者都受到了波斯织术的影响，这对于研究古丝绸之路是非常有帮助的。今天在全世界的主要博物馆里都可以找到来自阿斯塔那古墓的文物。

大批相关文物流落海外

20 世纪初，西方学者在中亚沙漠中进行了一系列的"探险考察"活动，其中包括由德国人格朗威特和勒柯克等人对普鲁士皇家、吐鲁番、哈密、库东等地进行的四次发掘。他们发现并偷走了用波斯语、安息语、突厥语等 16 种语言抄写和印刷的 24 种文献的手稿。在这些文献中，也包括公元 344 年汉语文献的残片。目前，这些珍贵的中国文物被收藏在德国国家科学院里。

德国国家科学院收藏的这批文物中包括 8 000 枚古突厥文文献的碎片。在这些文献被发现前，研究古中亚文明的西方学者只能从蒙古和奥斯曼帝国的文献中间接地去查找古突厥语的资料。这些古突厥语资料很多内容是从汉文翻译过去的佛教文献，但是也包含许多非宗教的文献，内容涉及医学、天文学和经济等诸多方面。

由于大部分语言早已失传，德国国家科学院所珍藏的这批从新疆沙漠中出土的文献大部分至今还未被解读。但是相信在不久的将来，这些文献终会被科学家们破解。到时一定会对研究中亚古代文明提供极其重要的证据。

中国神秘现象
ZHONGGUO SHENMI XIANXIANG

历史疑案

神秘现象
孟姜女其人真相之谜

孟姜女庙位于山海关凤凰山顶，庙的周围还有"望夫石""望夫山""振衣亭"和"姜女坟"等古迹。孟姜女在人们心目中是一位"贞烈女神"的形象，受到历代上自帝王、下至百姓的景仰，来此烧香祷告的人络绎不绝。

孟姜女哭长城

孟姜女是何许人也？她为何有此殊荣？

传说秦始皇时期，有一对新婚夫妇，男的叫范喜良，女的叫孟姜。两人相亲相爱，海誓山盟。可是新婚才三日，新郎范喜良就被强征为民夫，到远方修长城去了。从此，两人相隔万水千山，音讯全无。孟姜女思夫心切，为范喜良一针一线赶制了一件寒衣，只身上路，万里寻夫。踏过了千山万水后，她终于来到了北方崇山峻岭间的长城脚下。然而，在成千上万饥寒交迫、蓬头垢面的民夫中，她怎能找到自己的丈夫。后来听人说范喜良因为受不了繁重的劳动累死了，尸骨就埋在长城脚下。孟姜女一时悲恸欲绝，放声大哭了三日三夜。悲怨之情惊天地，泣鬼神，突然听见"轰隆"一声，长城一下子倒塌了近400千米，范喜良的尸骨重见天日，孟姜女痛不欲生，在绝望之中投海而死。这就是有名的"孟姜女哭倒长城"的故事。

是否真有其人

那么，孟姜女是否真有其人呢？哭倒长城是否真有其事呢？这引起了许多专家学者的兴趣。

据说，范喜良和孟姜女两人都有故事原型。范喜良的原型是春秋时齐国的大夫杞梁殖，孟姜女的原型是杞梁之妻。

《左传·襄公二十三年》中是这样记载的：

公元前550年，齐庄公率领军队攻打卫国和晋国，回师途中偷袭了莒国，没想到遭到了顽强的抵抗，齐庄公的大腿受了伤。当天夜里，齐庄公派杞梁殖和华周两人带一支奇兵埋伏在莒国都城附近。不

料这支伏兵被莒国人发现并包围了，双方经过一番激战，这支伏兵全军覆没，杞梁殖战死疆场。《列女传·杞梁妻》中这样写道：杞梁妻没有儿子，也没有"五服"以内的亲戚，她在临淄城外，迎接杞梁殖的尸体，抚尸痛哭，整整哭了 10 天。突然一声巨响，城墙倒了半截。于是民间传言这城墙是杞梁妻哭倒的。在掩埋了丈夫的尸体之后，杞梁妻也投水自尽了。

看起来，这时的孟姜女还叫"杞梁妻"，哭倒的也不是秦长城。

在唐、五代《敦煌曲子集》的曲子《捣练子》中，也曾出现过孟姜女的名字。全曲是：

孟姜女，杞梁妻，一去烟山更不归，造得寒衣无人送，不免自家送征衣。

长城路，实难行，乳酪山下雪纷纷，吃酒则为隔饭病，愿身强健早还归。

在这支曲子里，故事情节已粗略具备，但并未提及"哭倒长城"一事。

等到五代贯休的诗中，才有了一个完整的结尾，即因孟姜女恸哭亡夫，使长城倒塌，夫尸出土，于是夫妇的魂魄相随回乡。

综上所述，"孟姜女哭倒长城"的演变是这样的轨迹：

《左传》：杞梁殖战死。

《列女传》：杞梁妻哭城、城崩、赴淄水而死。

《敦煌曲子集》：孟姜女赴燕山长城送寒衣。

五代贯休诗：孟姜女哭倒长城。

而事实上，长城是不可能因哭声而被震倒的，人们之所以把发生在春秋时期的吊亡故事强加在秦始皇头上，主要是反映了人民对造成妻离子散、家破人亡的秦代暴政及繁重徭役的强烈愤恨和反抗。

其实，修筑长城是历代封建王朝各种劳役中最为残酷、最具代表性的一种。2000 年来，长城屡修屡补，强征无数民夫，任何朝代都会产生像孟姜女那样的悲剧。孟姜女其人的真伪已变得不再重要，孟姜女哭倒长城的故事，是对历代帝王暴虐统治的控诉，也是对受压迫人民不畏强暴、坚贞不屈精神的歌颂。

神秘现象

项羽不肯过江东之谜

"生当作人杰，死亦为鬼雄。至今思项羽，不肯过江东。"这是著名女词人李清照为我们留下的一首脍炙人口的名作。项羽是秦末农民起义军的领袖，他不听人言，刚愎自用，最后在楚汉之争中失败，不得不自刎于乌江边。那么，项羽为什么不渡乌江呢？两千多年来。人们众说纷纭。

羞愧而死

有一种观点认为，项羽不过江东，是因为虞姬之死。

项羽的死与虞姬的死有必然联系吗？有学者认为项羽因"虞姬死而子弟散"心生羞愧，于是不肯过江，拔剑自刎。这样说是有一定道理的，但说项羽不肯过江东只是因为虞姬之死就显得理论不足了。而这一点与《史记》上说的"项王笑曰：'天之亡我，我以何渡为！且籍与江东子弟八千人渡江而西，今只一人还，纵江东父兄怜而王我，

我何面目见之？纵彼不言，籍独不愧于心乎？'"这段话一致。"子弟散"，一方面与他说的"天之亡我"吻合，一方面也是"无颜见江东父老"的原因。项羽即便过江，败局也已注定。因而，他选择了不渡乌江。

可有的学者也提出，自固陵战败后，项羽接连失利，退到垓下，又突围逃往东南而至乌江边。由此可见，他早有退守江东之意，并且是一路逃奔。若说项羽由于失败而使江

东8 000子弟葬送性命而无颜见江东父老的话，那么在垓下被围时，"虞姬死而子弟散"，他就应羞愧自杀。渡淮之后从骑仅百余人，至阴陵又迷了路，结果被农夫欺骗，身陷天泽，被汉军追上。如此狼狈的境遇他也没有羞愧自杀，而后项羽又逃至东城，被汉军重重包围。尽管他仅剩28骑，仍然组织起来做了一番搏杀。这时候项羽仍"欲东渡乌江"。所以，说他好不容易逃到乌江岸边，却因感到羞见江东父老而自杀实在让人难以信服。项羽的羞愧来得太突然，太不合情理了。因此这很可能是司马迁为使情节完整而做的渲染。

想早日结束战争

还有人认为项羽不渡乌江是想早日消除人民的战争苦难。项羽确实曾想过结束战争，他觉察到"楚汉久相持不决"，"丁壮苦军旅，老弱罢鞍漕"，所以对刘邦说："天下匈匈长岁者，徒以吾两人耳，愿与汉王挑战决雌雄，毋徒苦天下之民父子为也。"最后他甚至想要牺牲自己的利益通过谈和换取刘邦的让步，以鸿沟分界而治，但是刘邦却违约出兵。当项羽认识到自己无法立即消灭刘邦而又无法谈和时，项羽只有牺牲自己以结束战争。

项羽究竟为何不渡乌江，两千多年来都未有定论。

神秘现象

"昭君出塞"之谜

关于中国古代四大美女之一王昭君的故事，华夏儿女几乎无人不知。

2000 年前，中国北方有个民族叫"匈奴"，他们统治着大漠南北，强悍好战，常常侵扰中原。汉元帝竟宁元年（公元前 33 年），一个叫呼韩邪单于的匈奴首领，希望和汉朝修好，于是亲自到了汉朝都城长安，提出"和亲"的请求。

昭君出塞

为了结好匈奴，给汉朝休养生息赢得时间，汉元帝同意了"和亲"请求。汉元帝选了五名宫女给呼韩邪单于，其中就包括王昭君。起程那天，王昭君浓妆艳抹，仪态万方，光彩照人，把这样一个绝色美女送去匈奴令汉元帝深为后悔。到了匈奴，她被封为宁胡阏氏，相当于汉人的皇后。一年后，她给呼韩邪单于生了个儿子，被封为右日逐王。后来，昭君的丈夫死了，按匈奴的风俗，她又嫁给了她丈夫前妻的儿子复株累若鞮单于，之后生了两个女儿。出塞之后，王昭君非常想念祖国和亲人，多次派使者到汉朝，向汉帝敬献土物特产。年老的时候，她又立下遗嘱，要求死后安葬在归化，坟墓要坐北朝南，以便死后还能遥望故土。昭君墓现在就坐落在呼和浩特市南郊，后人称其为"青冢"。

据说，自昭君出塞之后，汉朝与匈奴之间六十多年没发生过战争。

后世的文人墨客为了纪念王昭君写了许多诗文。

有的人写她悲苦，如晋代的石崇：

哀郁伤五内，泣泪沾朱缨。

有的人写她凄凉，如唐代的杜甫：

一去紫台连朔漠，独留青冢向黄昏。

有的人赞她深明大义，为国和亲，如宋代的郭正祥：

能为君王罢征战，

甘心玉骨葬胡尘。

有的人则为她请功，如清代的郭润玉：

琵琶一曲千戈靖，

论到边功是美人。

在"四大美人"图中，王昭君也是只身骑在马上，怀抱琵琶，跋涉在通往塞外的茫茫荒野上，满含幽怨……

王昭君本人的离奇遭遇，果真如人们臆测的那样吗？对她来说，出塞是悲是喜，是幸还是不幸，都留给后世不少值得猜测的谜团。

名字之谜

《匈奴传》中说："元帝以后宫良家子王嫱字昭君赐单于。"可是按西汉宫廷规矩，宫女自入宫之日起，就不许呼其娘家的名字。所以，王昭君的本名无人知晓。《汉书·元帝纪》提及她时称"王樯"，即她是位被船只载运入宫的王姓姑娘。《匈奴传》称其为"王嫱"，好像只是个记音义的符号。后来，都称昭君为"王嫱"，"嫱"的意思是"古时宫廷里的女官"。出塞前，为了抬高她的地位，元帝赐封她为"昭君"。这样，久而久之，"昭君""王嫱"作为标志她政治地位或出身特征的称呼便成了她的名字。这个说法与传统说法"姓王名嫱字昭君"根本不同，但似乎又言之有理。

她的祖籍之谜

一般人认为昭君原是湖北兴山人，汉族姑娘。但是，据多方考证，昭君实为四川人，是土家族女子。她从水路乘船入宫，名"嫱"，这就否定了其"湖北"祖籍。入宫之后，她又不愿巧言令色，献媚邀

宠，更不愿贿赂画师作"美人图"以求进幸。当匈奴单于求婚时，她又主动提出愿意去匈奴和亲。到塞外后又随胡俗先后做两代单于之妻，生儿育女，这种刚强不屈的性格，对于受封建礼教束缚较深的汉族宫女来说，是很难办到的。另外，她的家乡为"百蛮"杂居之地，女多男少，女子难嫁，所以她和亲时，"靓妆"请行，唯恐不被选中，不以为苦，反当美事，这说明她与汉族女子的婚嫁观念绝不相同。至于她究竟是不是四川土家族人，这在史学界尚无定论。

出塞原因之谜

据说，当时宫内画师很受青睐，汉元帝召幸宫女，皆以画师画的宫女像为参照，而王昭君自恃貌美，不愿用金钱收买画师毛延寿，结果画像丑陋，未能得宠。为了摆脱困境，她才主动请求出塞和亲的。另有学者认为，王昭君虽然是平民出身，但不同凡俗，胆识过人，是一位自愿应召、为国分忧的巾帼英雄。

尽管关于王昭君的传说后人有较大的争议，但昭君出塞的历史功绩是应给予肯定的。，我国是个多民族国家，各民族只有和睦友好才有利于经济发展。昭君的自请出塞为民族团结和经济发展做出了杰出的贡献。

神秘现象

李白是死于水中捞月吗

"天子呼来不上船，自称臣是酒中仙。"谪仙人李白向来以"斗酒诗百篇"而闻名于后世，他的才与酒有关，那么他的死也与酒有关吗？

李白是唐代最伟大的诗人之一，死于公元762年11月。关于他的死，五代人王定保的《唐摭言》说："李白着宫锦袍，浮采石江中，傲然自得，旁若无人，因醉入水中捞月而死。"

虽然人们很难相信李白因"水中捞月"而死，但却无法从正史中找到他死亡的真正原因。在《旧唐书》和《新唐书》中，有关李白的死，只是极其简单地说他因"腐胁疾"致死，也就是说李白是患疾病而死的。李阳冰为李白《草堂集》作的序中也说李白是病死的。事实上，李白在62岁那年，的确已患有严重的脓胸症，加上李白饮酒成性，更加速了病情的恶化。但李白临死前真到了病得无药可救的地步吗？如果李白落水而死是事实，那么他的落水，是因病体难支，还是因酒醉难持，抑或是因处于恍惚迷离的幻觉中，真的要捞取那水中的空月吗？这只能成为一个难解的谜团了。

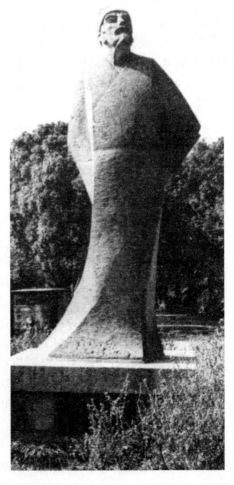

神秘现象

睡虎地古墓的重大发现

在人们印象中，秦律似乎是中国最早最全备也最苛刻的法律了。其实事实并非如此，在战国初年，魏文侯的相国李悝制定的《法经》才是我国最早见于文献的成文法典。连秦律也是以它为蓝本制定的。不过非常遗憾的是，《法经》和秦律都早已遗失，现在人们能看到的保存最完整的律法就只有唐律了，至于隋唐以前的律文，虽也有所辑录和保存，但大都是断章残篇，人们只能管中窥豹，略见一斑了。直到 1975 年湖北云梦睡虎地 11 号墓大批秦国简文出土，才从根本上呈现了历史旧貌，使人们也得以看到秦律的真实面貌。

秦律重见天日

睡虎地的地名让人很容易联想到"藏龙卧虎"一词。它位于湖北云梦县城，原来是一个高出地面很多的山嘴，如果单从地名学角度分析，此地应该有墓葬，那么这些墓葬中会有什么样的"虎"呢？

睡虎地的真相

1972 年，在睡虎地曾发现一座古墓，附近的村民纷纷来到开掘现场围观，人们都大开眼界。转眼到了 1975 年冬天，正值全国掀起农业学大寨高潮，云梦县城命公社在睡虎地山嘴平整土地上大搞农田水利建设。有一天收工之后，两个社员经过新挖的水渠时，其中一位看到渠底有一片青膏泥，这使他立刻联想起 1972 年在睡虎地古墓开掘现场见到的密封棺材用的青膏泥，他们推断渠下可能有古墓，于是他们顺着发现青膏泥的方向掘了下去，不久果然发现了棺木，这证明他们的推断是正确的。这一发现很快被报告到云梦县文化部门，并引起云梦县委的高度重视，对古墓采取了有效的保护措施。通过勘探发掘清理出 12 座古墓，根据墓葬形制和出土文物，可以断定这批古墓是战国末期秦国至秦始皇时期的墓葬，这些古墓较密集地分布在睡虎地山嘴上。

在发掘过程中考古学家很轻易地就打开了墓葬，在距地表半米左

右的地方有青膏泥密封的棺椁等，其中的葬具和随葬器物大多数保存完好。不过擦干净椁室里的水需要细致和耐心，近一米深的积水清理起来颇费工夫。四十多天之后，在 11 号墓有一千多片竹简出土，这真是一项令人激动的收获。在睡虎地发掘的 12 座秦墓都属小型墓，墓底一般长 2.96—

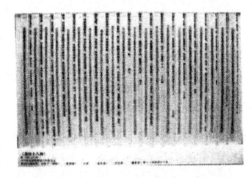

博物馆中展出的保存完好的秦律 18 种

4.22 米，宽 1.25—2.74 米。12 座墓中共有四百余件随葬器物出土，主要有漆、木、竹、陶、铜、铁等材料制成的各种器物，以漆器最精美，造型独特，颜色如新，共 140 多件，是研究漆器历史和工艺的重要资料，但这些发现给人带来的喜悦都比不上 11 号墓出土的一批竹简。

始于 1975 年 12 月 8 日结束于 12 月 29 日的睡虎地 11 号秦墓挖掘工作持续了二十多天，在开掘现场人们看到了很多古代的器物竹简，经过考古学家的研究，得出结论：这是一座长方形竖穴土坑墓，墓口东南长 4.16 米，南北宽 3 米，深 5.19 米，墓中有椁室，椁室内有棺室和头箱，头箱内有漆器、竹木器、陶器、铜器等 70 余件，棺内随葬竹简、云梦睡虎地秦简和毛笔、玉器、漆器等，竹简分 8 堆散置于尸体头部、右侧、足部和腹部。

经清理，棺内竹简共 1150 余片，简长 23.1—27.8 厘米，宽 0.5—0.8 厘米，墨书秦隶，简文近 4 万字，清晰可辨。在简的上部、中部和下部人们发现了 3 道绳痕，由此可以推断，竹简在当时是用 3 条细绳编辑成册的，现在人们看到的竹简已经散乱不堪，原来的顺序已被打乱了。

相关部门组织了云梦秦简整理小组，对这批竹简进行了整理，几十位学者的辛勤努力为我们了解出土竹简的内容和价值提供了依据。

秦简的大体内容包括《语书》《秦律十八种》《效律》《秦律杂抄》《法律答问》《编年纪》《封诊式》《为吏之道》《日书》甲种和乙种等 10 种书籍（《语书》《封诊式》和《日书》是原有的标题，其余各书名是云梦秦简整理小组阅读内容后确定下来的）。

《编年纪》共 52 简，是在墓主头骨下方发现的，内容上是按时间顺序记述秦昭王元年（公元前 306 年）到始皇三十年（公元前 217 年）的秦国历史，从这些历史可以看出秦统一战争的过程。

《为吏之道》共 50 简，位置在墓主腹下，书写方式是上下五栏，内容多且杂，主要讲述儒家处世哲学。

《日书》共 425 简，发现于墓主足下和头侧，有甲种和乙种两类，但内容大同小异，都是预测吉凶祸福的卜筮类的书籍。不过我们不能仅仅将竹简的内容看作传统迷信和封建糟粕，从这些内容里还是能看到当年的社会生活状况和"五行"学说的原始状态的。

法律类有《秦律十八种》《效律》《秦律杂抄》《法律答问》《封诊式》共六百多简，是 11 号墓出土竹简的主体内容。经整理后发现，秦国的法律已具备刑法、诉讼法、民法、军事法、行政法、经济法等法种，举凡农田水利、牲畜饲养、糖食储存、徭役征辟、刑徒股役、农商经营管理、官吏征免、物资账目、惩罚赏赐、军官任免、军队训练、战场纪律、后勤保障、战后奖惩等等，都有具体细致的法律条文规定。这些竹简上的内容是我国出土的最古老的法律条文。

云梦秦简被发现后立刻就引起了国内外的关注，多家报纸都对此进行了详细的报道。它的发现为我国古代的法律史增添了浓墨重彩的一笔。

神秘现象

"风波亭"悲剧之谜

提到风波亭，人们最先想到的可能就是抗金英雄岳飞了。这位伟大的悲剧英雄让后人为之慨叹，风波亭也因岳飞而留在人们的记忆中……

岳飞生平

岳飞（1103年—1142年）字鹏举，相州汤阴人，贫苦农户子弟出身，北宋联金灭辽时应募从军，曾在张所部下任统制，与王彦一起抗金，并随宗泽守开封，任都统。宗泽死后，他南投张浚部，逐渐成为南宋主战派重要的抗金将领。建炎四年（1130年），岳飞收复建康（今江苏南京）。绍兴四年（1134年），岳飞大破刘豫齐军，收复襄阳等6郡，被封为清远军节度使，后被封为武昌开国侯，联络两河义军，部署北伐。绍兴八年底（1138年底），岳飞上表提出"金人不可信，和好不可待"，极力反对高宗与秦桧的议和主张。绍兴十年（1140年），郾城一战，岳家军大败兀术统率的金兵主力，收复颖昌、郑州、洛阳等重镇。在与金兵对阵之时，岳飞率领的岳家军总是以一当十，勇往直前，声威远振，金军中流传着"撼山易，撼岳家军难"的感叹。可是就在收复中原即将实现的时候，宋高宗赵构却连发12道金牌，下令退兵。岳飞挥泪含恨退兵。不久宋高宗就以"莫须有"的罪名，将岳飞连同他的儿子岳云及部将张宪一起毒死于"风波亭"。

疑云重重

岳飞之死激起了南宋人民的义愤，但在宋孝宗之前，却一直都未得到平反。等到孝宗即位，被平反冤狱时，岳飞才得以迁葬于风景秀丽的栖霞岭下。岳飞墓前，有四个铁人跪像，其中就有害死岳飞的南宋宰相秦桧及其夫人。几百年来，人们到此悼念岳飞都要唾骂奸臣秦桧。但是，有的人认为事实上杀害岳飞的真正主谋并不是秦桧，秦桧只是这个元凶手下的一个爪牙罢了！

高宗是元凶

首先，秦桧绝没有杀岳飞的权力。有人指出，当时秦桧虽然深受高宗的信任，但并不能操纵高宗，也不能恣意铲除异己。绍兴九年（1139 年），秦桧正积极对金议和，枢密院编修官胡铨上书反对，并请求皇帝"斩秦桧之头挂诸街衢"。秦桧对他恨之入骨，但并不敢任意杀害他。可想而知，对战功赫赫的岳飞，他更不可能擅自处置。

议和以后，金兵单方面撕毁和议，攻占河南地区，秦桧惶惶不可终日，恐怕皇帝会因此迁怒于自己的议和政策，他的惶恐不安，正是其地位不固的表现，因此，很难断言他敢背着高宗杀害岳飞。需要说

明的是，岳飞的冤案被称作"诏狱"，程序严密，外人无法插手，这样，即使秦桧权力再大，公开"矫诏"杀人也是不可能的。

第二，秦桧及刑部主审岳飞一案，曾上书定岳飞、张宪死罪，岳云并无死罪，而刑部上书赵构后，岳云也被定为死罪，足见生杀大权还操纵在高宗之手。

第三，秦桧死后，赵构为秦桧制造的许多冤假错案平了反，唯独对岳飞一案不肯昭雪，而且对许多大臣为岳飞平反的奏折也置之不理。

这一切都足以证明，赵构是杀害岳飞的元凶。

那么，宋高宗为什么对岳飞恨之入骨，非要违背众愿将他置之死地而后快呢？

首先，是为了确保自己的皇位。因为岳飞"精忠报国"，目的是光复中原，迎回徽、钦二帝，如果岳飞得胜，二帝回国，高宗就难当皇帝了。所以，高宗非杀岳飞不可。其次，为了防止岳飞拥兵自重，干预朝政。绍兴七年（1137年），岳飞曾奏请立储，这是外臣越职越轨的行为，而且恰好高宗无子，最忌讳立储，那么除掉岳飞就等于消除了一个干政的隐患。所以，岳飞成了他的眼中钉，不除不快。

神秘现象

明代"天启大爆炸"之谜

晚明天启六年（1626年）五月初六上午，在老北京城西南一带，突然发生了一起神秘的大爆炸，方圆10千米内顿时被夷为平地。这起大爆炸之惨烈与诡秘真是世上罕见，至今人们对此仍众说纷纭。

上天的"警告"

据当时政府官员收集的幸存者见闻记述，爆炸当天原本天空晴朗，突然，雷声滚滚，震撼天地。只见从东北渐至京城西南角，飞起一片遮天盖地的黑云，不久之后又一声巨响，天塌地陷。顿时，天空漆黑一团，伸手不见五指。从东至北长近2千米，周边六七千米的范围内，万余间房屋建筑变成一片瓦砾，2万余居民非死即伤，断臂者、破头者、折足者无数，尸骸遍地，臭气冲天，满眼狼藉，惨不忍睹，连牛马鸡犬都难逃一死。王恭厂一带，地裂40米，火光冲天……南到河西，东到通州，北到密云、昌平，到处雷声隆隆，毁坏严重。少数侥幸活命的人也悲泣哭号，披头散发，惊恐万状。京城上下，陷入一场史无前例的大灾难中。不久，只见南方天空上有一股气直冲云霄，天上的气团有的像乱丝，有的像灵芝，五颜六色，奇形怪状，许久才渐渐散去。

出事当天，明熹宗正在乾清宫用早膳，突然，宫殿晃动起来，他不知发生了什么祸事，吓得不顾一切向外逃。内侍们惊得不知所措，只有一个贴身内侍紧跟着皇帝跑。不料，刚到建极殿旁，忽然飞下的鸳瓦正巧砸在这个内侍的脑袋上，内侍当即脑浆迸裂，倒地而亡。熹

宗皇帝无暇顾及，一口气跑到交泰殿，正好殿内墙角有一张大桌子，他连忙钻进去，躲过了这场灾难。

这起大爆炸的消息，迅速传遍了全国，从王公贵族到黎民百姓都惊骇至极，人心惶惶。

当时，明朝政治腐败，宦官专权，忠奸不分。因此，很多大臣认为这场大灾难是上天对皇帝的警告，所以他们纷纷上书，要求熹宗兴利去弊、重振朝纲。皇帝一看群情激愤，自己也非常害怕，吃不好，睡不着，不得不下一道"罪己诏"，表示要"痛加省修"，并告诫大小臣工，"务要竭虑洗心办事，痛加反省"，希望借此能使大明江山长治久安，"万事消解"。他还下旨从国库拨出黄金1万两以救济灾民。

神秘的大爆炸

这场大爆炸，最使人难解的是它的四大诡异之处：

第一，事先征兆特异。据《东林始末》记载，天启六年五月初二深夜，前门楼角出现"鬼火"，发青色光，有好几百团，捉摸不定。不一会儿，合并成车轮大的一团。《天变杂记》记载，后宰门有一座火神庙，初六早晨，忽从庙内传出音乐，一会儿声大，一会儿声小。守门的官员刚要进入查看，忽然有个大火球一样的东西腾空而起，顷刻间，东城发出巨大的爆炸声。这鬼火和火球与大爆炸是否有内在联系呢？

第二，人群失踪，极为诡异。据记载，有一位新任的总兵要去拜客，走到元宏寺大街，突然一声巨响，他和他的7个跟班，连人带马全部失踪。还有，西会馆的塾师和学生共36人，在一声巨响之后，

也全部失踪。据说，承恩街上有一抬八人大轿正在前行，巨响后，大轿被打坏放在街上，而轿中女客和8个轿夫却不知去向。

其次，石狮腾空，碎尸飘落。爆炸之时，许多大树被连根拔起，降落于远处。石驸马大街有一尊500千克重的大石狮子，数十人都推移不动，居然被卷到空中，飘落到5千米远的顺成门外，猪马牛羊、鸡鸭鹅狗更是纷纷被卷上天空，随后又从天空落下。

据说，长安街一带，从天上纷纷落下人头、人身，德胜门一带，落下的人的四肢更多。一场碎尸雨，足足下了两个多小时。木头、石头、人头、人臂以及缺胳膊断腿的人，无头无脸的人，还有各种家禽的尸体，从天而降，骇人听闻。更奇怪的是，所有死伤者，无论男女老幼，大都赤身裸体。

那么，"天启大爆炸"的真正原因到底是什么？1986年，在天启灾变360年之后，北京地质学会等二十多家学术团体共同发起了一次研讨，用现代科学知识和手段，对这次灾变进行了一次深入细致的探讨，种种说法纷纷登场，有地震说、火药爆炸说、飓风说、陨星说、大气静电酿祸说、地球内部热核高能强爆动力说、陨星反物质与地球物质相逢相灭说等等，但这些都无法解释这场灾难中出现的低温无火、荡尽衣物的罕见现象。这个千古之谜不知何时才能解开。

神秘现象

郑成功猝死之谜

　　郑成功是中国历史上赫赫有名的民族英雄。他骁勇善战，令殖民者闻风丧胆。然而，在他成功收复台湾不久后，却出人意料地去世了，年仅 38 岁。

　　关于郑成功的死，与他同一时代的人如李光地、夏琳等人的笔记都很简单，一般是说郑成功是得了"伤风寒""感冒风寒"而死的，但是一个正值壮年的人怎么会轻易地就被"风寒"这种区区小病夺去性命呢？

　　根据郑成功临终前的异常情况和当时郑氏集团内部的斗争背景，有人认为郑成功是被人投毒杀死的，目前赞成这一说法的人居多。郑成功死前的情状与中毒后毒性发作的症状极为相似，另外，夏琳《闽海纪闻》中记载郑成功临终前都督洪秉诚拿着药送去给郑成功喝，郑成功将药摔到地上，然后捂着胸口，跺脚大呼而亡。郑成功大概是察觉出了有人要谋害自己，但是为时已晚。郑氏集团内部暗藏着一些危险因素。生性暴烈的郑成功用法严酷，郑氏部下包括他的长辈亲族因

过被处以极刑的人很多，众将人心惶惶，其中有很多人在清廷高官厚禄的诱惑下叛逃，郑氏集团的内部关系极为紧张。伍远贤所编的《郑成功传说》一书中记述，清廷收买内奸刺杀郑成功，因此，如果说台湾岛上一直有人企图谋害郑成功，极有可能是以清廷为背景的。另一个比较大的疑点是马信也神秘地死去。马信是清降将，后来成为郑成功的亲信，

郑成功去世当天，由他推荐一个医师给郑成功开了一帖药，夜里郑成功便死去了，而他本人也在郑成功去世的第二天便死去。因此，马信可能直接参与了谋害郑成功的活动，但后来又被人灭口。

那么，这起谋害案的主谋是谁呢？人们把怀疑的目光投到了郑成功兄弟辈的郑泰、郑鸣骏、郑袭等人的身上，特别是郑泰。郑泰长期操纵郑氏集团的东西洋贸易，掌握财政大权，对郑成功早有异心，对郑成功出兵收复台湾曾极力反对。收复台湾初期，郑氏集团的财政面临困境，郑泰却暗地里在日本存银 30 万两以备他用。等到郑成功去世，郑泰等人便迫不及待地伪造郑成功的遗命对郑经诛讨，并抬出有野心但无才干的郑袭来承兄续统。据此分析，谋害郑成功的人很可能就是郑泰等人，他们早就存有夺权之心，还可能与清廷有所勾结。他们乘郑成功感冒的时候开始实施他们的计划。夏琳和江日升的记载中说，郑成功病情开始并不严重，常常登台观望，有时还饮酒，甚至拒绝服药。他们极可能在酒中下毒，但这期间郑成功饮酒较少，所以毒性七八天后才发作。最后他们又在郑成功的医生开的药剂中下毒，郑成功才被毒死。郑成功死后，郑经先是忙于对付郑泰的叛乱，后发现郑泰在日本银行的巨款，又集中注意力追回这笔巨款，因此郑成功的死因当时没有被深究。海天茫茫，郑成功的死因也许是个永远解不开的谜了。

神秘现象

洪秀全死因之谜

　　清同治三年四月二十七日（1864 年 6 月 1 日）。正值太平天国首都天京（今南京）在清军围攻下岌岌可危之际，太平天国首领洪秀全突然在天王府内去世。年仅 51 岁。史学界对洪秀全的死因有着不同的看法。

　　在最初的时候，人们都认为洪秀全是自杀身亡的。李秀成是太平天国后期的主要将领。洪秀全去世时，他在天京主持天京保卫战，对天王府的情况有比较确切的了解。在曾国藩刊刻的《李秀成自述》中，提及洪秀全的死因是这样记载的："天王（洪秀全）时时焦急，日日烦躁，即以四月二十七日服毒而亡。"湘军的首领曾国藩在同年六月二十三日的奏稿中说："首逆洪秀全实系本年五月间，官军猛攻时，服毒而死。"根据以上资料，大多数学者都认为洪秀全是"服毒自杀"，一直没有产生异议。然而在 20 世纪 60 年代初，自从藏在曾国藩家中长达一百多年的《湘乡曾八本堂·李秀成亲供手迹》被正式影印发行后，人们便对洪秀全"服毒而死"的死因产生了怀疑，进而更倾向于另一种说法，即洪秀全是病死的。在《李秀成亲供手迹》中明确记载洪秀全是病死的："此时大概三月将尾，四月将初之候，斯时我在东门城上，天王斯时已病甚重，四月二十一日（天历）而故。""天王之病，因食甘露病起，又不肯食药方，故而死也。"有学者指出，这一记述应该是可靠的。而关于洪秀全自杀之事，完全是经由曾国藩篡改李秀成口供而成。曾国藩把李秀成口供送往军机处时曾说："李秀成之供词，文理不甚通适，而情事真确，仅抄送军机处，以备查考。"由此可知，曾国藩所出示的李秀成供稿，是被"改定"过的。曾国藩把洪秀全"病死"改为"自杀"，也是情理之中的事。自从《李秀成亲供手迹》发行后，大多数学者都确信洪秀全是病死的。

神秘现象

李自成兵败后的生死之谜

李闯王，本名李自成，陕西米脂人。他自幼家境贫寒，但有勇有谋，仁勇兼备。他当过驿卒，做过边兵，最后参加了反明的农民起义军，南征北战，军队不断壮大，所向披靡，终于推翻了政治腐败、经济崩溃、摇摇欲坠的明王朝，建立了大顺政权。但因镇守山海关的明将吴三桂引清军入关，李自成领兵退出北京，转战河南、陕西、湖北等地，最后不知所终。

一代起义领袖，竟有如此下场，令后人议论不断，猜测不绝。

正史结论

《明史》的结论是，自成已死，尸朽莫辨。

它的根据是，当时追杀李自成的清朝靖远大将军阿济格在给朝廷的奏章中说，李自成山穷水尽，仅带亲信20人，窜入九宫山中，被当地武装围困，无法脱逃，自缢而死。阿济格派人前去验尸，但尸体已经腐烂，无法辨认了。

另一个根据是，南明王朝兵部尚书何腾蛟在给唐王的奏章中称，他的部众已将李自成斩于九宫山下，只是丢了首级。

但是，这个"遇难"说法却难以令人相信，因为李自成雄才大略，骁勇异常，一直是官府的死敌，是清王朝和南明王朝统治者心中的大患，他的生死绝对是当时的重大事件。而阿济格奏章中说是"尸朽莫辨"，纯属浮夸不实，清王朝怎能相信？何腾

蛟的报告根本就是马后炮，虚报战功，南明王朝自然也不会相信。这只是传闻，并无其事。

特别值得一提的是，李自成退居湖湘时，他的手下仍有四十余万兵马，驻九宫山一带的至少也有数万人，说他仅带20名亲信，与事实不符。况且，如果李自成真的被杀，他的几十万大军岂能烟消云散？九宫山能平静吗？事实上，当时九宫山的确很平静，那几十万大军也很平静。因而，从反面证明，李自成未死。

那么，为什么会有"遇难"说，而且在民间广泛流传呢？据推测，这很有可能是李自成与其部下搞的烟幕弹，是金蝉脱壳之计。一方面，扬言李自成已死，可以打消南明王朝对这支大军的敌意，下一步可联合抗清；另一方面，使清王朝以为心腹之患已除，放松警惕，一旦时机成熟，李自成便可东山再起。

神隐夹山寺的说法

另一种说法是李自成禅隐夹山寺。但有人对这一说法持不同意见。

有人说，奉天玉和尚墓的发现，只能证明石门夹山寺确实有奉天玉和尚这个人，并不足以说明奉天玉和尚就是李自成。

又有人说，李自成生前左眼曾受箭伤失明，但奉天玉和尚的画像却双目炯炯有神，以此证明，奉天玉和尚不是李自成。

还有人查明，石门夹山寺由一座废旧的古庙装修成具有相当规模香火不绝的寺院，是奉天玉和尚沿门托钵化缘积攒的资金所建，而且得到了当地士绅的支持。试想，在大势已去，官府穷追不舍之时，李自成怎敢明目张胆，带着眼疾，不顾一切到处抛头露面为寺化缘？

因此，李自成隐居于夹山寺一说，也难成定论。

神秘现象
洪门的开山始祖是谁

　　洪门是天地会的别称。天地会是清朝民间最大的民众团体组织，分布较广，传统久远，在民间有一定的社会影响。但是洪门的开山始祖是谁，历来众说纷纭。

开山始祖为何人

　　一、开山始祖是郑成功。持这种意见的人认为洪门为郑成功在台湾首创。"始倡者为郑成功，继述而修整之者，陈近南也。"同时又有人认为，天地会中传说的万云龙即为郑成功，香主陈近南就是陈永华。郑成功创立天地会的说法一度非常流行。持反对意见的人却说："无论档案史料还是天地会秘密文件，其中有关天地会创立的传说中，皆无郑成功创立天地会的内容，在有关郑成功的大量历史资料中，并没有资料提到他曾创立过天地会一事。"这是有关"郑成功说"的致命弱点，或许创教者认为自己的号召力不够而假称为郑成功也未可知。

　　二、开山始祖是洪二和尚。最早提出这一观点的是蔡少卿先生，他提出："天地会起源于福建漳州地区，乾隆二十六年（1761年）由漳浦县洪二和尚即涂喜首倡。"秦宝奇先生还引用当时地方官的奏折加以佐证："天地会节经查明起于提喜，该犯俗名郑开，僧名提喜，又名涂喜，又名洪二和尚。"秦宝奇先生又论证：（洪二和尚）曾与李少敏、朱鼎元、桃元等人到四川谋生。他们沿用福建家乡的习俗，结拜异姓兄弟……后来马九龙和尚还"四处起会"，其中李少敏等人回到福建漳浦，朱鼎元、桃元却不见回来，洪二和尚涂喜还到广东组织传徒结会。乾隆二十六年正式成立天地会，次年涂喜回到福建漳浦家乡，开始以"天地会"之名传徒结会。持反对意见的人认为，天地会创始人应该是该教中文件提到的马九龙和尚，而不是洪二和尚。

　　三、开山始祖是万五。20世纪70年代台湾学者提出，天地会的创始人是福建漳州一带"以万为姓"集团中的万五达宗创立的。他们

使用的是《台湾外记》中的文献资料，由此推断，万云龙即是"万五道宗"，同时也是"万五达宗"之误。万云龙是以"达宗"为号，聚集人民反抗地方官的苛政。有学者认为"达宗上人于甲寅（1674年）重组天地会……近人妄攫陈永华为天地会的始祖，是不可以不加痛斥的，因为陈永华传记资料……均与天地会无关系。"这一论证也只是推测之词，许多材料也不是很确切，所以，万云龙是不是万五达宗，万五达宗是否就是万五道宗，这些问题还需要进一步研究加以确证。

美国洪门爱国老人——司徒美堂

众说纷纭的事实真相

以上的几种观点都有各自的道理。因为天地会是一种民间秘密的反清社团组织，虽然在民间有许多传闻，但是却并没有留下什么文献资料，直到乾隆年间，林文爽领导天地会起义之后，官方和民间才对天地会有了一些认识。官方记载中并没有关于天地会开山始祖的资料，而且秘密团体组织中的人使用的又都是假姓名。因此真相更是扑朔迷离，开山始祖是谁便很难考证了。

神秘现象

徐志摩身后一个尚未解开的谜

　　1925 年 3 月，徐志摩把一个小提箱交由著名女作家凌叔华保管，同时还半开玩笑地说："若是我有意外，叔华，你得给我写一部传记，这里面有你需要的资料。"徐志摩遇难后，这个箱子就一直放在凌叔华处。至于箱子里的秘密，凌叔华在当年写给胡适的信里这样说道："箱内有东西不宜小曼看到的。"具体地说，除部分文稿外，主要是徐志摩的两本英文日记，还有陆小曼的两本日记。陆小曼的日记骂林徽因的内容较多，因此不宜交林徽因保管。而徐志摩的日记写的又是当年与林徽因的恋情，所以不便给新婚夫人陆小曼看。

　　与这个小箱子有关的秘密被宣扬出去后，很多人都想了解徐志摩的日记内容。当然，有两个人最想得到这个小箱子：一个是徐志摩的妻子陆小曼，她想编辑徐志摩日记集；一个是徐志摩当年的恋人林徽因，她不想公开徐的日记，因为这样会影响她的名声。由此可见，林徽因似乎更想得到这个箱子。

　　林徽因非常聪明，她明白如果自己出面要，凌叔华一定不会给她。于是她请来胡适当中间人，向凌叔华索要这两册日记。

　　胡适以要为徐志摩整理日记以便出书纪念为由，向凌叔华索要箱子。凌叔华考虑到箱内有陆小曼两本私人日记，因此在把箱子给胡适时，要求他转送给陆小曼。但胡适从凌叔华手

中拿到箱子后，并没有交给陆小曼，而是送给了林徽因。林徽因打开箱子一看，徐志摩的日记只有半册，另外的一册半被凌叔华私藏了起来。林徽因便把此事告诉了胡适，胡适又写了一封信给凌叔华："昨始知你送给小曼的志摩日记只有半册，我想你一定是把那一册半留下作传记或小说的材料了。但我细想，这个办法不很好。第一，材料分散，不便研究。第二，一人所藏成为私有的秘密，则余人所藏也有各成为私有秘密的危险。第三，朋友之中会因此发生意见，实为最大的不幸，绝非死友所乐意。"接着，胡适又说："请你把两册日记交给我，我把这几册英文日记制定成三个副本，将来我可以把一份全的留给你做传记的材料。如此则一切遗留材料都有副本，不怕失散，不怕藏秘，做传记的人就容易了……请你给我一个回信。倘能把日记交来人带回，那就更好了。"在胡适软硬兼施的计谋下，凌叔华把这个小箱子的全部东西，甚至连陆小曼的日记都交给了胡适，胡适又如数转给了林徽因，至于他答应给凌叔华的副本，却只是一句空话，凌叔华发现自己上当后，写信给胡适，认为把陆小曼的日记也交给林徽因甚为不妥，但一切已成事实，凌叔华也无能为力了。

林徽因、陆小曼、凌叔华已先后去世，小箱子和徐志摩的英文日记散于何处，至今仍是一个无法解开的谜。

神秘现象

西施最后的归宿如何

我国古代"四大美女"之首的西施，在帮助越国战胜吴国后究竟归宿如何呢？早期的史书记载，她虽立了功却最终被却越王装进皮袋沉到江里了。《墨子·亲士》就有："西施之沈（"沉"，古作"沈"），其美也。"《太平御览》引东汉赵晔所撰《吴越春秋》中有关西施的记载说："吴亡后，越浮西施于江，随鸱夷以终。"这里的"浮"字也是"沉"的意思。"鸱夷"，就是皮袋，这与上述记载相同。这些记载均说西施最后被沉于水中。

后人不忍这位绝代佳人结局这样悲惨，于是流传出西施和范蠡远离朝野泛舟西湖的美好故事。范蠡是当时越国的大夫，帮助越王勾践发愤图强，灭掉吴国，但因深知越王勾践为人"可以共患难，不可以共安乐"，于是隐姓埋名出走。本来范蠡和西施毫无关联，但因有范蠡隐居于西湖的传说，后人便让他与如花美眷西施为伴，同时也给西施安排了一个虚假的美满结局。《史记》中《越王勾践世家》与《货殖列传》中都提到了范蠡，却没有提起西施，就更不用说她和范蠡有什么关系了。是司马迁没有看到这方面的记载或者没有听到这方面的传说，还是司马迁特意回避事实，今天的我们不得而知，而西施的结局至今也无法确证。西施是被沉到水里，还是跟随范蠡归隐于西湖，或者还有什么其他结局，仍是值得探索的谜。

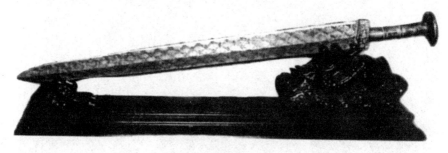

越王勾践使用的青铜剑

中国神秘现象
ZHONGGUO SHENMI XIANXIANG

宫闱之谜

神秘现象

"千古一帝"秦始皇身世之谜

人们对"千古一帝"秦始皇的评价可谓褒贬不一，更有人拿他的身世大做文章，有关他身世的传言，一直存在着许多不同的版本。

秦始皇是吕不韦之子吗

秦始皇是继秦庄襄王（子楚）之位，以太子身份登上王位的。秦始皇之母赵姬，据说曾是吕不韦的爱姬，后被献予子楚，封为王后。所以，秦始皇的父亲到底是谁，一直都是后人争议不休的话题。

吕不韦是河南濮阳远近闻名的大商人。他野心勃勃，一直想在政治上有所作为。于是，他来到赵国首都邯郸，精心策划将正在赵国当人质的秦国太子异人过继给正受宠的华阳夫人，后来，异人被立为嫡嗣，更名子楚，当上了皇太孙。不久秦昭王、孝文王相继原因不明地

死去，子楚登上王位，吕不韦被封为丞相。可是子楚在位仅三年就神秘地死去，于是他的儿子嬴政顺理成章地继承了王位，他就是后来的秦始皇。嬴政称吕不韦为"仲父"，封他为文信侯并让其代替自己掌管全国政事，其家中奴仆万人，成为一人之下、万人之上、权倾朝野、一手遮天的大人物。

论证观点

为什么说秦始皇是吕不韦的儿子？据分析有四种可能：

其一，如果嬴政真是吕不韦的儿子，那他就不是秦皇室的后代。那么当时反秦的嬴政

的弟弟长安君成骄就"造反有理"了。

其二，如果嬴政真是吕不韦之子，那就有可能是吕不韦有意公开自己是"仲父"的真相，吕不韦想除掉他的死对头——势力强大的太后派的长信侯，就必须争取秦始皇支持。泄露自己与秦始皇的父子关系，说不定后者念及骨肉之情，会对自己多加照顾。

其三，如果嬴政确实是吕不韦之子，那么就不是六国被秦所统一，不是"秦灭六国"，而是"六国灭秦"了。

其四，如果嬴政是吕不韦之子，那么，灭秦的汉代之人，似乎就是替天行道，伸张正义了。

后人的观点

后人大都不认同上述观点。

其一，吕不韦并未策划过秦始皇由出生到登基的一连串阴谋。他们认为，秦昭王在位时，就想方设法让子楚（异人）当皇孙，已经够反常了，何况把希望寄托在尚在赵姬腹中的胎儿"太玄孙"（嬴政）身上，也太渺茫了。下这么大的赌注，不是神仙就是傻瓜！而吕不韦既非神仙也不是傻瓜，唯一能说通的理由，就是断无此事。

其二，有人认为，如果说赵姬是吕不韦献给秦子楚（异人）的，那么她在宫中子楚身

边，过门之后孩子是不及期而生的，甚至十二月之后过期而生，子楚又怎么能不知晓呢？可见，秦始皇的生父应该是子楚，而不是吕不韦。

其三，据《秦始皇本纪》记载，秦灭赵后，秦王亲临邯郸，把同秦王母家有仇怨的，进行坑杀。如果赵姬果真出身豪门，她怎么能先做吕不韦之姬妾，再被献做异人之妻呢？如果赵姬是"邯郸诸姬绝好善舞者"中一名出色的优伶，她又哪儿来的那么多仇家？

到底秦始皇是谁的儿子，这段个人隐私，竟成了千古之谜，无人能解。

神秘现象

"秦兵马俑"四大未解之谜

1974 年，在陕西临潼县西杨村，距秦始皇陵东侧 1.5 千米的一片荒原上，考古工作者发掘出了被称为"世界第八大奇迹"的秦代大型地下兵马俑军阵，这一发现引起了世界性的轰动。它俨然成了世界上最大的军事博物馆。军阵结构严整，气势恢宏，再现了秦始皇统一六国时的霸气和雄风。

这些真人真马大小的陶俑陶马依次排列在三个俑坑中，共 8 000 件。陶俑身材高大，约 1.8 米。容貌不一，神态各异，仿佛整装待发；陶马昂首肃立，肌肉丰满，装备齐全，栩栩如生。此外还有一百三十多辆战车、大量的铜兵器及金、铜、石饰品等。这些陶人陶马和青铜兵器的精良和完美令世人叹服！它简直是一个人间奇迹，却也为今天的人们带来了许多难解之谜。

兵马俑为何没有统帅俑

这些陶俑无论是步兵、弩兵、骑兵、车兵，都属武士俑，并不见统帅俑。这是为什么呢？有人认为，可能是按秦制，每次出征前都由秦王指令一名将帅任统帅。而修建作为指挥部的 3 号

坑时，将帅还未任命，虎符正掌握在秦始皇手中，工匠们不敢随意塑一位统帅。还有人认为，秦始皇就是秦军最高统帅，为维护皇帝的绝对权威和神圣尊严，不能把秦始皇的形象塑在兵马俑坑之中。当然，这两种说法都只是猜测而已，并无定论。

兵马俑为何被焚毁

发掘兵马俑时，考古工作者发现：1 号、2 号俑坑的木制结构几乎全部被烧成炭迹或灰烬。陶俑和陶马耳上的彩绘颜色经火烤大都已经脱落，有的青灰色被烧成了红色。俑坑经火焚后全部塌陷。陶

俑和陶马全部被砸，有的东倒西歪，有的身首异处，有的头破腹裂，有的臂断腿折，有的断成数段，有的成为碎片……总之，完整的很少。

让人费解的是，俑坑的火是谁放的呢？后人推测有三种可能：一是秦人自己点的火，以烧毁祭墓物品及墓周的某些建筑，使死者灵魂将此带去阴间享用，即所谓"燎祭"。但是，如果真的是因为丧葬制度和民间风俗习惯而焚毁掉，为什么只烧1号、2号坑，而不烧3号坑呢？而且如果真的是秦人自己烧的，那么从建成到焚毁的间隔时间肯定不会太久。可是据考古发掘来看，俑坑下面地砖上普遍有十几层的淤泥层，这种淤泥层绝不是短时间内能够形成的。

二是秦兵马俑可能是被项羽率领的军队焚毁的。据《史记》《水经注》等史籍记载，项羽烧秦宫室，火三月不灭。但上述史书中并没有明确记述项羽军队焚毁秦兵马俑之事，甚至连秦兵马俑的字样都没提到。因而，把烧秦兵马俑的罪过加在项羽的头上，也只是后人的猜测罢了。

三是秦兵马俑坑中的火是因为坑内的陪葬物等有机物腐败产生沼气自燃造成的。但是，在同样的俑坑，同样的环境条件下，为什么只烧了1号、2号坑，而3号坑却没有起火呢？这也是没有科学根据的。

陶俑制作之谜

兵马俑坑中的陶俑和陶马均是泥制灰陶，火候高、质地硬，经观察，并没有发现模制迹象，肯定是一个个地雕塑而成。陶俑、陶马身上原来都绘有鲜艳的颜色，但因俑坑被毁，加上长期埋于地下，颜色几乎全部脱落。现在从局部残留的颜色仍可窥见其种类的繁多，有绿、粉绿、朱红、粉红、紫蓝、牛黄、橘黄、纯白、灰白、赭石等。各种色调的和谐艳丽，更增添了整个军阵的威武雄壮。

这些陶人陶马在暗无天日的地下掩埋了二十多个世纪，出土后，仍然保持了色泽纯、密度大、硬度高等特点，以手敲击，金声玉韵，真是达到了"炉火纯青"的境界。当代的制陶工艺大师经过十多年的努力，至今仅能仿造一些简单的陶人。其中一些制陶大师想要复制陶马，反复试验竟无一成功。秦代这种杰出的泥塑工艺和制陶工艺，使后人佩服得五体投地。但它的技术、配方都失传了，这是中国传统文化的一个极大的损失。

青铜剑铸造之谜

从 2 号坑出土的青铜剑，长 86 厘米。剑身上有 8 个棱面，极为对称均衡。19 把青铜剑，误差都不到 0.1 毫米。它们历经了 2000 年，从地下出土，都无蚀无锈，光洁如新。用现代科学方法检测分析，这些青铜剑表面竟涂有一层厚约 1 毫微米的氧化膜，其中含铬 2%。这一发现立即震动了世界。因为这种铬盐氧化处理是一种刚刚在近代被人们所掌握的先进工艺。据说德国在 1937 年，美国在 1950 年才先后发明了这种方法，并申请了专利，而且它只有在一整套比较复杂的设备和工艺流程下才能得以实现。秦人的铸造水平之高，真是让人感到不可思议。

更值得一提的是，这些青铜剑的韧性也是异常惊人的。有一口剑，被一具 150 千克重的陶俑压弯了，弯曲度超过 45°。当陶俑被移开的一瞬间，奇迹发生了：青铜剑反弹平直，自然还原。这精湛的铸剑技艺，令在场的所有研究人员瞠目结舌。

围绕兵马俑的谜团不胜枚举。但相信在不久的将来，随着科学的进步，考古的深入，这些谜团一定会得到解决的。

神秘现象

"阿房宫"之谜

秦始皇灭六国建立秦王朝后，为了树立皇帝的至高权威，便穷奢极欲，大兴土木，横征暴敛，峻法严刑。他极端残暴的统治使国家哀鸿遍野，百姓怨声载道。

秦始皇的残暴

秦始皇征战途中每灭一国，就命人把该国宫殿绘制成图样，然后按图样在咸阳仿造。统一六国后，他曾打算扩建苑囿，西起雍冲、陈仓（今陕西凤翔、宝鸡一带），东至承谷关（今河南灵宝北），面积广阔，东西千里。秦始皇身边的近臣婉言进谏："好极了！这么大的苑囿，多放些凶禽猛兽，有强盗从东方进犯，让麋鹿出动就能把他们顶跑了。"秦始皇听后大笑，才作罢。不过，他虽然没有扩建苑囿，却到处建造离宫别馆，仅首都咸阳四周100千米内就有宫殿270座，关中行宫300座，关外行宫四百多座。

走进阿房宫

在秦始皇兴修的众多宫殿中，规模最大的非阿房宫莫属了。阿房宫究竟有多大是难以确估的。据载，阿房宫殿堂，东西宽500步（秦制6尺为一步，相当于1.38米，500步即为690米），南北长83步，殿内可以容纳一万人。殿前矗立8步2尺高即11.5米高的旗杆，宫前立有12尊铜人，各重12万千克。以磁石为门，有怀刃隐甲的人入宫，即被吸住。周围建阁道以连通各宫室，其阁

道又依地势上达南山（今陕西西安南）。在南山顶，建一宫阙，作为阿房宫的大门，又造复道，从阿房宫通达渭水北岸，连接咸阳，以此象征天极紫微宫后十七星横越云汉，达于宫室（二十八宿之一）的天庭。

浩大的修建工程

为修建这一庞大的宫殿，秦始皇下令征调隐宫（施宫刑之所。宫刑畏风，须入隐室，故名）、罪人与刑徒七十余万分工劳作（其中一部分被派往修骊山陵墓），北山（今陕西礼泉、泾阳、三原与淳化境内）石料，蜀楚木材，被源源不断地运到关中。

阿房宫建制占地的范围，从咸阳到临潼以东，以西至雍冲（陕西凤翔南），以南抵于终南山，以北达于咸阳北坂，纵横一百五十多千米。此外，从咸阳到函谷关（今河南灵宝东南）以西，有朝宫三百余所，函谷关以东也有四百余所。众多的宫殿一律施以雕刻，涂以丹青，五彩斑斓，富丽堂皇，气势雄伟。

阿房宫耗资极大，劳民伤财。到秦始皇死时，宫殿仍未落成，由秦二世继续营建。

秦二世继续营建

秦二世深居宫中，他认为，先帝一定是觉得咸阳的朝廷小，所以营建阿房宫。前殿还未竣工，正赶上先帝驾崩，只好停工，抽调人力去骊山修陵，现在骊山修陵工程完毕，若不继续营建阿房宫，不就等于宣布先帝的兴建工程是错误的吗？于是便下令继续营建阿房宫，并继续修筑直道、驰道、骊山墓等各项工程。同时，征调五万精兵屯卫咸阳，演习射猎；命各地郡县向咸阳转运粮草，转运者自带食物，不得食用咸阳150千米以内的谷物。赋敛日益沉重，徭役越来越多，这样肆无忌惮地狂征滥调，导致民力枯竭，渐渐地使国家到了无人可征的程度。

秦二世统治不久，秦朝便灭亡了。楚汉战争时，项羽入关，火烧秦宫室，大火一连烧了一百天而不熄。阿房宫这组秦朝最大的宫殿建筑群，也随之化为灰烬。留给后人的，只有遗址和感叹。

神秘现象

中国历史上第一个"白痴"皇帝之谜

我国古代的皇位继承制度向来采取立嫡传不立庶出、立长子不立幼子、立子不立女的原则。只要是正宫皇后生的第一个儿子，不管是无知顽童、羸弱病人，还是先天愚痴，都会被立为太子，将来继承皇位。在中国历史上就出现过一位先天愚痴的皇帝——晋惠帝司马衷。

司马衷是晋武帝司马炎的第二个儿子。由于其兄早年夭折，他便成了晋武帝实际上的长子。司马衷天生愚钝，呆傻而不明世理，但这仍并未改变他9岁时被立为太子的命运。

"白痴"太子

有一天，司马衷在皇宫的御花园游玩，见池塘中青蛙正呱呱地叫，他便抓住一位侍从的衣襟问："青蛙是在为官家叫还是为私家叫？"侍从早已熟知如何糊弄这位傻太子，便应道："青蛙在官家地里时便为官家叫，在百姓家的地里时，便是为私家叫。"司马衷听后，认为侍从言之有理，还赏了银子给侍从。还有一次，晋武帝正在朝堂之上与大臣商议如何救助饥荒的灾民，司马衷走了进来，听了一会儿，"噗"地笑了："父皇，怎么会有人饿死呢？发大水淹了庄稼，没有馒头吃，就吃肉好了，这些人怎么会饿死呢？真是一帮傻百姓。"司马衷的这番话令朝堂上一片哑然，司马炎只好挥挥手，叫人把这个傻太子带走。

太子司马衷的情况，不仅让晋武帝司马炎放心不下，也令一班忠心的大臣们担心不已。有一回尚书令侍奉皇上喝酒，酒过三巡后，他假借醉酒，倒在皇帝脚边，说有话要奏。司马炎问他何事，尚书令却只是张了张嘴，不敢说，皇上几次催问，他才指了指皇上的座位说："这个座位真是可惜。"司马炎当然明白他的话中之意，便用一句"你醉了"挡住了话头。

聪明的司马通

司马炎当然知道，如果有朝一日，把江山交给司马衷会是什么结果，但他的杨皇后却为了自己的亲生儿子司马衷能继承皇位，多次以"立嫡以长不以贤"的古训回答他，司马炎也不想背上离经叛道的罪名。于是，他找了好几位声名显赫、满腹经纶的学士为太子太傅，他只想着名师出高徒，却没想到朽木不可雕！当司马衷年纪渐长后，司马炎便让自己的才人去侍奉儿子。不久，才人有孕，为司马炎生下了孙子司马通。但司马衷整日除了玩泥巴，仍是不堪教诲，几年下来，学识没有一点长进，就连自己的儿子也不认识。有一回司马衷在和司马炎吃饭时，3岁的司马通走了进来，司马衷问："这是哪里来的小孩子？"司马炎只能苦笑道："记住！这是你儿子！"

司马衷虽然呆傻，可他的儿子却异常聪慧，有一次宫中失火，司马炎登楼观看，突觉有一只小手在拉他的衣襟，他低头一看，竟是孙子司马通。司马炎很惊讶地问："你为什么拉我衣服？"年仅5岁的司马通机警地回答道："夜间发生突然事故，皇爷爷贵体，应该有所防范才是，进屋吧。别让火光照见仁君。"司马炎先惊后喜，惊的是司马通小小年纪，竟有如此见识，喜的是儿子虽然呆钝，但孙子聪明伶俐，江山社稷终于有着落了。也许，正是司马通的聪慧，才让司马炎下定了决心把皇位传给司马衷，但是司马衷是意会不到这些的。

西晋王朝末日将至

司马炎死后，32岁的太子司马衷登上了皇位，为晋惠帝。司马衷并不知道坐上皇位的重要性。他一如既往地吃喝玩乐，把治理国家的大权放任他人，当然，他也没有治理天下的意识及才干。从司马衷登基起，天下就陷入了无序的动荡和灾难之中。大臣们纷纷投靠握有实权的皇亲国戚，党争与内讧此起彼伏。先是太后的杨姓氏族擅权枉法，后又被贾皇后一系的势力诛杀，就连太子司马通也没能逃过此劫，被贾皇后派人毒害，成了皇权交替的牺牲品。偌大的朝堂，没有了是非曲直，没有了黑白泾渭，这场皇室宗亲的权力大战一直打了16年，造成几十万人死亡，上百万人流离失所。大片荒芜的土地似乎预示着西晋王朝末日将至。

死因不明

当了16年糊涂皇帝的司马衷，当然不会知道这场浩劫与他有关。在一个寒冷的冬天，他嘴里衔着一块吃了一半的大饼，突然暴亡，终年48岁。

有人说，司马衷是被东海王司马越毒杀的，也有人说，是上天垂怜天下百姓的痛楚让他无疾而终。司马衷的死因至今仍是一个未解的谜。

神秘现象

惊艳两朝帝王的花蕊夫人之谜

君王城上竖降旗，妾在深宫哪得知。

十四万人齐解甲，宁无一个是男儿！

这首《述亡国诗》悲愤婉转，不卑不亢，几句话道出了亡国缘由：从君王到兵将，竟没有一个男子汉敢于拼死一战，须眉们被关在庭院中，不能保家卫国，致使国破家亡。它表达了一个有气节的亡国之女深沉的悲哀。这位才高气傲的女诗人是谁呢？据说她就是五代时后蜀君主孟昶的妃子"花蕊夫人"。

据史书记载，花蕊夫人聪明贤淑，不但容貌美丽，而且擅长诗词。她的诗风清丽婉转，多咏叹宫中杂事，与王遂的《宫词》异曲同工。她给后世留有100首词，即有名的《花蕊夫人宫词》。

红颜薄命

据说后蜀君主孟昶年轻潇洒，常为找不到美女而闷闷不乐。终于有一天，他的一个心腹太监在青城明察暗访，物色到了一位美女。这位女子体态轻盈，浅着粉黛，容颜绝世，给人以空谷幽兰之感，孟昶如获至宝，立即将她召到宫中，封为慧妃。慧妃喜欢芙蓉花和牡丹花，孟昶投其所好，特地为她修了一座牡丹苑。孟昶带着慧妃登城饮酒赏花，望着花丛中的美人，感慨地说："这芙蓉也不足以形容你的柔媚，这牡丹也不足以形容你的明艳，你是人中之花，花中之蕊

啊！朕封你为花蕊夫人。"至此，她便有了"花蕊夫人"的美称。

然而，好景不长。孟昶只好游乐，不理朝政。公元964年，宋太祖赵匡胤发兵南击后蜀，蜀军不堪一击，孟昶只得自缚请降，成了北宋的阶下囚。花蕊夫人也成了囚徒，和孟昶一起被押解进京。

到了汴京，宋太祖假意安抚孟昶，封他为检校太师兼中书令、秦国公。宋太祖早已耳闻花蕊夫人之名，便立即召见。不见则已，一见失魂，为了掩饰自己的失态，宋太祖厉声指责花蕊夫人是红颜祸水，花蕊夫人面无惧色，坦然陈辞："做君主的掌握军政，占有权力，不能悉理朝政，强军保国，自己迷恋声色，又要将罪名加到宫妃身上，是什么道理？"随即当场索要纸笔，题了一首《述亡国诗》献上。宋太祖看了不但未责怪她，反而哈哈大笑起来。原来，投降的蜀兵有14万，而宋军才几万人。

花蕊夫人的结局如何呢？

有人说，她是被宋太宗赵光义一箭射死的。

也有人说，她是被宋太祖纳入后宫后，因为怀念前夫孟昶郁郁而终的。

总之，国破家亡，一个手无缚鸡之力的女人，即使再忧国忧民，又能如何？最终也只能落得个香消玉殒的结局。

据史料记载，这位花蕊夫人貌美如花，且精通诗词，以才貌兼备而得专宠，死因不详

神秘现象

武则天的"无字碑"之谜

公元 689 年 9 月 9 日，都城长安大明宫里含元殿上钟磬齐鸣，百官伏拜，一位头戴冕旒、身穿黄袍的女子宣布改国号为周，自称"圣神皇帝"，她就是中国历史上唯一的女皇帝武则天。

天生丽质的武媚

武则天又名武曌（曌是她自造的字，意为日月当空），并州文水人。其父曾追随李渊反隋，是唐朝的新贵。武则天天生丽质，妩媚动人，14 岁被选入宫，封为"才人"，唐太宗赐其号"武媚"。后来，唐太宗去世，她被送到感业寺出家为尼。

公元 649 年，太子李治继位，即唐高宗。李治年少时便钟情于武媚，继位后即将她召回宫中，立为妃，大加宠爱。6 年后，李治立武媚为皇后。后来，唐高宗患病，委托武则天处理朝政。于是，她渐渐独揽了大权，并为了保住权力，废掉了太子李弘、李贤。唐高宗死后，她又废掉唐中宗李显，立年幼的睿宗李旦为帝，其目的是自己能继续控制国家政权。不可否认的是，武媚在掌权时期确实做了一些利国利民的事。她不拘一格选拔人才，亲自在殿廷上主持考试，采取措施提高考试举人的地位，并开设了武举科目，发展了科举制。因而，朝廷上下人才济济，文有宰相狄仁杰、姚崇、张柬之等，武有边将唐休璟、娄师德、郭元振等。在她掌握大权期间，还十分重视农业生产，下令编写《兆人本业记》，推广和改进农业技术。同时注意兴修水利，在陕、川、青等地修建了许多闸、坝、沟、渠。她规定，凡田地开垦多、百姓家有余粮的州县，都给予地方官奖励和升迁；凡治理不善、百姓流移的州县，地方官要受处罚，从武则天 32 岁以皇后身份参政起，直到 82 岁，共执政 50 年。在她执政期间，国家经济稳步发展，为后来的"开元盛世"奠定了基础。

无字丰碑

这位精明强干、雄心无比、胆识过人的女政治家，在临终时，却

嘱人在陵前立一块"无字碑"。可能她预料到了后人对自己的评价定然褒贬不一，所以功罪任人评说。

正如她所料，在她身后的一千多年间，人们对她的看法从未统一过。她死后，她的历史功绩和个人才干受到很多人赞赏，但是斥责她的话也像排天的巨浪般不断涌来，这又是为什么呢？按一贯的思维，她有以下罪状：

一是狐媚惑主。武则天14岁入宫时已出落得亭亭玉立，容貌娇媚。然而在唐太宗面前，她并不受宠，只封为"才人"，列后妃第六等，与一个侍女的身份差不多。只是到了李治身边之后，她的才干与姿容才得以真正发挥作用。她看透了李治的好色多情、体弱多病、优柔寡断和多愁善感。在李治的钟爱下，她成了"昭仪"，不久又升为"宸妃"，后来她精心策划废掉了王皇后，自己坐上了皇后的宝座。不到一年，她就登上了权力的顶峰。

二是严酷专横。在唐高宗患病期间，政事全由武则天处理，臣子们称其为"天后"。唐高宗死后，武则天更是大权独揽。她废了太子，正式登基，成了名副其实的女皇帝。她任用酷吏、屡兴大狱、刑讯逼供，囚禁亲生儿子，宗室、朝臣被冤杀者不计其数。晚年更是豪奢专断，弊政很多。

三是秽乱春宫。她不满足富丽庄严、煊赫铺张的排场，不满足于锦衣玉食、乘车坐辇的生活，还蓄面首、宠男妾。先是宠幸薛怀义，让他入侍。这个街头卖膏药的家伙，后来竟被封为左威卫大将军、梁国公。而后又有御医沈南璆和张易之、张宗昌兄弟。张氏兄弟毫无才能，只因相貌俊美，能取悦于武则天而得到宠信。武则天还为张易之设立控鹤府，聚集一些青年男子，供她自己取乐。薛怀义入侍时，她已39岁，而张氏兄弟入侍时，她年满73岁。对此，后人的非议不绝于耳。

杰出女王——武则天

可是，如果客观地分析一下她的一生和所处的环境地位，评价自当公平一些：

首先，武则天的心胸不同于同时代的女子。别人认为帝王姬妾成群，受宠者只是极少数，而且一入宫门深似海，分离即是死别。而武则天进宫时却满怀喜悦，满怀憧憬。她在唐太宗面前的不受宠，是因为有两件事令唐太宗不满意。一件是唐太宗问怎样驯服性情暴烈的骏马"狮子骢"，武则天说："只要一条铁鞭、一把铁锤、一支匕首。马若不听话，我就用铁鞭抽它；再不听话，我就用铁锤打它；还不听话，我就用匕首刺死它。"唐太宗表面上赞扬了她，实际却心存芥蒂。因为李世民很讨厌女人有这种强悍的性格。另一件是，唐太宗迷信星象算命之类。大臣李淳风精通天文，善观星象。他向唐太宗奏称，若干年后，有武姓者起而灭唐。唐太宗便要将姓武的全部杀掉，最终虽被李淳风劝阻了，但他一直不放心武则天，死后还把她遣送到感业寺为尼。

按说，武则天是亡帝的遗孀、佛门女弟子，应该永无出头之日了。可是，武则天仍然施展自己的魅力征服了李治，改变了自己的命运。在李治被迷得神魂不定之时，她却冷静地看待，谨慎地驾驭，心热面冷，欲擒故纵。至于她被指责"乱伦"，这种说法还是冤枉的。因为唐室杂有胡族的血脉，唐代胡族的婚俗允许一女嫁给父子两代。

其次，武媚成为皇后的前 10 年，唐高宗对朝政慵懒无心，后来

简直是一蹶不振，才使武则天有机会独掌国权。一场特定的婚姻，为这位志向、心智、精力都超群的女人提供了尽展风姿的舞台。公元 683 年，高宗去世，武则天面临重大抉择：自己称帝还是以皇太后名义临朝听政？作为李氏父子的妻妾，她决定自己先不称帝。直到公元 690 年，她感到时机成熟时，才正式登基称帝。而此时，武则天兴起告密之风，诛杀文武大臣，囚禁亲生儿子，任用酷吏，极为专横。后人在评价此举时，也只看到了它的负面影响。其实，采取严厉的手

段夺取帝位，巩固帝位，是任何一位帝王政治旅途中的必经之路。尤其是她，作为绝无仅有的女皇帝，面对世俗的眼光和封建礼教，为了排除心中的忧虑和恐惧，树立自己的威信和尊严，使天下万民臣服，采用一些极端的手段也无可非议。她掌权后曾多次更改年号，并大量更改各部名称、地名，甚至是自己的名字。这一切都在说明，她是在显示自己的权威，让朝野内外都知道，有这么一位拥有无上权威的女皇在统治着他们。

而关于秽乱之事，无论是薛怀义，还是张氏兄弟，都不见得完全是从私欲出发，也可能是为了显示女皇的威严。既然男子为帝可以有成群的嫔妃，那么女人登基为什么不能有侍奉的面首呢？从她处理朝臣与面首冲突的态度来看，她并不偏袒面首。她给面首高官厚禄，甚至纵容他们胡作非为，但当危及国家大政，触犯重臣的时候，她从不客气。这说明，她追求的目标，是希望别人能像尊重男性皇帝那样尊重自己。但是，武则天始终不能挣脱传统的桎梏，始终为自己是个女人而苦恼。临终前，她仍旧承认自己是李氏皇帝的妻妾，帝位还是传给了自己的儿子。

武则天的无字碑，纵有万语千言，也是难以道尽的。

神秘现象

杨贵妃生死之谜

公元 755 年，安史之乱爆发，唐玄宗宠妃杨贵妃香消玉殒马嵬坡。随后，当人们挖开贵妃墓时，却找不到贵妃的遗体，难道杨贵妃在马嵬坡死而复生了吗？

《新唐书》记载香囊犹在

公元 755 年，一场声势浩大的"安史之乱"促使大唐王朝由盛转衰。叛军攻入长安时，唐玄宗连夜出逃。第二天，逃亡队伍到达陕西境内的马嵬坡。随行将士突然起义，当朝宰相杨国忠瞬间死于乱军之中。随后，起义将士把矛头指向杨国忠的妹妹——杨贵妃，无奈之下，君王掩面，贵妃香殒。

就在这年夏天的一个夜晚，几个神秘人忽然出现在马嵬坡上。这几个人悄悄挖开贵妃的坟墓，他们究竟在找什么？史料记载玄宗皇帝回长安后，密令宦官改葬贵妃，但是去改葬的人回来却说不见了贵妃的遗体，只带回了贵妃生前携带的香囊。

关于神秘的挖墓事件，新旧唐书有两种不同记载。《旧唐书》里说，肌肤已坏，而香囊犹在。而《新唐书》里却只说，香囊犹在。新旧唐书为何有差异？贵妃的遗体是否被盗墓人盗走了？

这样的说法似乎很难成立，战乱之中，普通人怎会去关心贵妃埋葬的地方。而且倘是盗墓人所为，又怎会留下香囊？那么，新旧唐书哪个记载更准确呢？《旧唐书》是唐朝时就记载的，而《新唐书》是宋朝人根据《旧唐书》编写的，按常理应该是《旧唐

书》尤为可信，但如果是这样，《新唐书》里就不会将"肌肤已坏"如此重要的记载删掉。

有一位史学家这样认为，从唐明皇的角度来看，他肯定要对外宣布贵妃已死。可如果现在这样记载，就不免给人一个想象空间。宋朝人在写《新唐书》时，干脆就不说有没有尸体，而把这事给回避了。

棺木主人身份难定

一千多年后的今天，在法门寺博物馆内，有研究者见到了这个富有传奇色彩的香囊。这种香囊在古代称作"香球"。据馆长介绍，在香囊里有两个持平环，里面有一个小钵盂，无论怎样转动，这个钵盂始终与地面保持着平行，里面的香料也不会洒落出来。

而今在马嵬镇上，重新修葺的杨贵妃墓馆里不仅有贵妃的墓，还有塑像。此墓有三米高，外形用青砖包砌得很严实，原来的贵妃墓不可能有这样包砌的青砖。在疑惑无法得到解答时，四川省都江堰市的红梅村传出了千年古墓的奇闻。传说，这个村子后山脚的一座千年古墓便是杨贵妃的墓。

据村民讲，早年在这里的墓碑上刻着"杨"字，却没有名字，这个有千年历史的墓是一个暗墓。那块墓碑在"文革"时期已不存在，而今墓地也被种上了庄稼，只有一块破陋的祭台青砖还存留着。

1997年，都江堰市和红梅村联合对该墓进行挖掘。挖出的棺木长

仅 1.7 米，宽仅 0.45 米，无疑这是装殓女性尸体的棺木，但墓主人身份很难判断。

《长恨歌》中的暗示

2002 年，日本影星山口百惠声明，她是杨贵妃的后裔。这个消息让中国人无比震惊，杨贵妃的后人怎么可能在日本呢？其实早在 20 世纪，著名红学家俞平伯先生便在对《长恨歌》等文章研究后指出，杨贵妃可能并没死在马嵬坡，而是去了日本定居。现今的日本沿海有一个叫作"久津"的村子，以"杨贵妃之乡"而闻名。

传说当年在马嵬坡兵变时，一名侍女代杨贵妃而死，杨贵妃在日本遣唐使的帮助下，乘船离开大唐，经过漫长漂泊，到了日本山口县久津村，而山口百惠就是山口家族的一员。日本南宫博的《杨贵妃外传》和渡边龙策的《杨贵妃复活秘史》中对此也有描述。难道杨贵妃真逃去了日本？著名的比较文学专家严绍燊认为，这跟白居易的《长恨歌》有关，白居易在诗的后半部分表述了对杨贵妃的一种想象，说杨贵妃虽然在事变中人已死，但她的灵魂飘到了仙山上，后来和唐明皇派去的道士在神仙山上相遇了。而众所周知，《长恨歌》描写的是杨贵妃和唐玄宗的爱情。

人们分析了《长恨歌》里的诗句"马嵬坡下泥土中，不见玉颜空死处"，其中"不见玉颜空死处"即描写了马嵬坡上找不到杨贵妃的遗体。而此后唐玄宗派一个道士去找寻杨贵妃，结果"上穷碧落下黄泉"都没找到，最后道士在仙山上找到了贵妃。倘若道士真在仙山上找到了贵妃，那么这里写到的蓬莱仙山又在哪里？在日本的文学创作中，他们常常把蓬莱山指为日本。

藏进太蓬山道观的传说

11 世纪时，日本著名作家紫式部根据《长恨歌》创作了世界上最早的一部长篇小说《源氏物语》。紫式部是日本宫廷女官，主要为宫廷内的贵夫人们讲述汉学，《源氏物语》就是描述源氏的命运，与中国的杨贵妃有很大的相似

之处。

史料中最翔实的航海记载就是东渡日本的鉴真和尚，他前后历经11年，经历了5次失败，屡遭磨难，终于到达日本。在那样的艰苦条件下，杨贵妃想要逃到日本究竟有多大可能性？中国人民大学历史系刘厚滨教授曾经有过分析：据记载，唐朝时，中日交往频繁，包括非正式的也有十六七次，从船的规模上看，杨贵妃出逃日本应该没问题。但即使这样的船能到日本，在兵荒马乱的年代，贵妃要在哪个港口登船呢？据古代交通史记载，当时唐玄宗逃到了四川，杨贵妃一定会选择相反的方向，可能到武汉，经长江下游，有三条路线，一个是扬州，一个是苏州，另一个是明州。位于四川省营山县的太蓬山，地貌独特，山势险峻。白居易《长恨歌》里的"蓬莱"会不会指太蓬山呢？传说当时杨贵妃酷爱吃荔枝，唐玄宗专门为她开辟了一条荔枝路，而这条路就途经太蓬山。如果真是这样，为何史料里没有记载？一方面是史料的粗略记载，一方面是文人墨客的浪漫描述，虽然很多传说无法考证，但杨贵妃却成了人们永远探究的话题人物。

神秘现象

梅妃真相之谜

据史书记载：梅妃本姓江，名采萍，福建莆田人。她长得娇小柔媚，面容俏丽，聪慧贤淑。唐玄宗贴身大太监高力士出使闽越发现了她，把她献给了唐玄宗。因为江采萍喜爱梅花，凡是画的、摆的、绣的、铺的，都离不开梅花，所以唐玄宗封她为"梅妃"，把她住的地方题为"梅亭"。玄宗和梅妃曾一度形影不离。

情敌出现

梅妃受宠不久，宫里来了个既能歌善舞、通晓音律，又美艳绝伦的杨玉环，立刻倾倒了唐玄宗。从此，梅妃和杨妃就成了对头，梅妃背地里称杨妃为"肥婢"，杨妃背地里称梅妃为"梅怪"。但是封建王朝的后宫从来都是"只见新人笑，哪闻旧人哭"。唐玄宗封杨玉环为贵妃，过着"春宵苦短日高起，从此君王不早朝"的生活。梅妃却被打入"冷宫"。一天，在高力士的撮合下，唐玄宗又派了个小太监，不掌灯不驾车，用小马驹儿把梅妃悄悄地驮到翠华西阁，重叙旧情。梅妃悲喜交集，以为亮起一线生机。岂料，天刚亮，杨贵妃就气冲冲地找上门来，吓得唐玄宗不知如何是好，梅妃也被小太监偷偷送回了上阳宫，从此

再未被召见。

梅妃的下落

"安史之乱"后，梅妃不知所终。唐玄宗回京后，曾悬赏百万寻访梅妃下落，却始终没有结果。据说，后来在华清池边的梅树下，找到了梅妃的尸骨。刀痕为证，梅妃是被乱兵所杀。唐玄宗伤心欲绝，以皇妃礼仪安葬了她。

梅妃是否存在过

按常理推断，这么多的传说、典籍、文物、风俗应该足以证明梅妃的存在。然而，否认梅妃确有其人的，也大有人在。

中国著名的大文学家鲁迅先生、当代文学史家郑振铎、刘大杰先生，都否认梅妃的存在。他们认为，一切有关梅妃的记载，都出自《梅妃传》，而《梅妃传》的作者、传抄者所记并不确切。《梅妃传》所记与史实不符之处相当多。如高力士从未赴闽，更谈不上选美；梅妃被贬之处在"上阳东宫"，距京城长安数百里，附近并没有"翠华西阁"，怎么能深夜召幸陪伴玄宗，第二天又被小太监送走，"步归东宫"呢？另外，据莆田县志所载，从海潮涨落推断，唐玄宗时期，江东村可能根本不存在。同时，权威性较高的唐史上，并没有记载梅妃的只字片语。《旧唐书》《新唐书》《资治通鉴》都是如此。试想，唐史上的后妃，特别是关于杨贵妃的记载，巨细无遗，怎会连她的"对头"梅妃的事一点也不提及呢？关于梅妃是否存在过这一问题，目前史学界尚无定论，只能待后人评说了。

神秘现象

"狸猫换太子"真假之谜

"狸猫换太子"这一故事在中国可谓是家喻户晓，但故事并不能代表历史的真相。历史上宋仁宗与李宸妃并没有母子相认这一情节。戏曲中的"相认"一节是艺术虚构的。事实上，当宋仁宗明白自己的生母到底是谁时，李宸妃已去世许久了。现在围绕宋仁宗生母的传说多集中于另外一些说法。

版本之一

据说，宋真宗最喜欢的妃子是刘德妃。刘德妃虽然是茶楼酒肆卖艺出身，但却长得如花似玉。15岁的时候被弱冠之年的太子赵恒即宋真宗娶回王宫。赵恒登基之后，刘德妃从"美人""婉仪"，一直晋升到"德妃"，可惜一直未能生育。刘德妃为了和杨淑妃、沈才人争夺皇后之位，就想出了"借腹怀胎"的诡计。她刻意打扮身边的一个姓李的侍女，从而引诱宋真宗上钩。当小宫女有了"龙种"之后，她也装扮成怀孕的样子。不过宫女怀的是真胎，她怀的却是假胎。待十月分娩之时，"两个"龙种先后呱呱落地。结果可想而知，刘德妃导演了一场"狸猫换太子"的闹剧，李宫女蒙冤被打入冷宫，寂寞而死。刘德妃则如愿以偿登上了梦寐以求的皇后宝座。

其他解释

《宋史》则提供了另一种说法。

《宋史》上说，李宸妃实有其人。她原是刘德妃的侍女，生得风华绝代。李宸妃有了龙子时，刘德妃已被立为皇后，但却没有子女。于是，刘德妃请宋真宗把李宸妃生下的儿子赵祯立为己子，活活割断了李宸妃母子的联系。

后来，宋真宗驾崩，11岁的赵祯继位，史称宋仁宗。刘皇后被尊为刘太后，辅政掌权，也就无人敢挑明这个真相了。明道元年（1032年），李宸妃去世。刘太后想，现在仁宗并不知道自己的生身母亲是李宸妃，一旦将来自己死去，仁宗获知了实情，痛感自己的亲生母亲

在生前死后都没有得到应有的待遇，一定会怨恨自己，肯定还会迁怒刘氏的后裔。于是，她吩咐以国礼安葬李宸妃。

当朝宰相吕夷简又吩咐内侍押班罗崇勋，给李宸妃换皇后装入殓，并使用水银宝棺，刘太后也一一依允。李宸妃的丧礼举行得特别隆重，送葬的队伍很长。

1033年，刘太后死后，宋仁宗才知道自己的生母是谁。他无比悲痛，也无比愤怒，下哀痛之诏自责。他号啕大哭，哭自己身为天子，却未能保护自己的母亲；哭自己身为人子，却没能孝敬自己的母亲让母亲含恨而死。

同时，宋仁宗命令军队包围了刘太后亲属的府第。眼看一场无情的杀戮就要开始，还是宰相吕夷简的一番公道话使宋仁宗冷静下来。吕夷简说："太后虽有不义之事，但以皇后礼仪厚葬宸妃，表明她已有自悔之心；刘太后虽非生母，但对陛下仍有抚育之情，不可忘。"

宋仁宗决定重新厚葬生母。开棺之后，他发现李宸妃没有被鸩杀、残害或者虐待的迹象，这才下令解除对刘后亲属的包围。宋仁宗尊宸妃为皇后，谥章懿，亲临殡仪之所祭告。

为了弥补他对生母的愧疚之情，他把李太后的弟弟李用和一再擢升，并把福康公主下嫁给李用和的儿子李玮。

由此可见，包公与"狸猫换太子"之事肯定毫无关系，而那位李宸妃也并没有流落民间。现在还未解开的谜是刘德妃究竟用什么方法收宋仁宗为子，此谜底至今无法揭晓。

神秘现象

宋太宗登基之谜

宋太祖赵匡胤死后，帝位并没有传给他的儿子，而是由其弟赵光义继承，这是不符合我国封建君主传位制度的。那么，赵光义是怎样得到皇位的呢？

斧声烛影

历代史学家对这个问题有不同的说法。最具神秘和恐怖色彩的就是"斧声烛影"的传说：公元976年10月20日晚，"上御太清湖以望气，召开封王，即太宗也。延人大寝，酌酒对饮。俄而阴霾四起……急传宫钥，开端门。宦官宫妾悉屏之。但遥见烛影下，太宗时或避席，有不胜之状。饮讫，禁漏三鼓殿，雪已数寸，帝引柱斧戳雪，顾太宗曰：好做好做。遂解带就寝，鼻息如雷霆。是夕太宗留宿禁内。将五鼓，周庐者寂无所闻，帝已崩矣。太宗受遗诏，于枢前即位"。（《湘山野录》）

后人根据此段文字的记载推断，太祖在斧声烛光中传位给太宗，而且"是夕太宗留宿禁内"，从而怀疑太宗是弑兄的凶手。太宗是弑君夺得了皇位。

后代有许多关于这段历史的演义，如李逸侯的《宋宫十八朝演

北宋皇陵位于巩义市孝义镇、西村、芝田、回郭镇一带高原上

义》、蔡东藩的《宋史通俗演义》都曾怀疑过太宗是弑兄夺取的帝位。

正史的记载

然而宋代的正史对宋太祖驾崩一段的记载却完全相反，司马光就曾在《涑水纪闻》中写道："太祖初晏驾，时已四鼓，孝章宋后使内侍都知王继隆召秦王德芳；继隆以太祖传位晋王之志素定，乃不召德芳，径趋开封府召晋王。见医官贾德玄坐于府门……乃告以故，叩门与之俱人见王，且召之……后见王愕然，遽呼官家曰：'吾母子之命，皆托于官家。'王泣曰：'共保富贵，无忧也。'"从这段活的记载看，赵匡胤死时，赵光义并不在太祖的寝宫中，而是被人召入寝宫的，而且皇后还把自己和儿子的未来命运托付给赵光义，这显然是在证明，赵光义的帝位是太祖传给他的。而《宋史·太祖本纪》中，有关宋太祖驾崩的记载却简单得不能再简单了："帝崩于万岁殿，年五十。""受命杜太后，传位太宗。"一代君主，而且是开国的伟人，如果是在正常情况下驾崩的，关于他的死不可能仅有只言片语，这不能不让后人揣度猜疑。

神秘现象

明成祖嗜杀之谜

明成祖朱棣是一个颇有作为的皇帝，但同时他又是一位性格固执、刚愎自用、猜忌多疑、杀人如麻的皇帝。永乐末年，他大肆屠杀宫女、宦官，在这次大惨案中，被杀的宫女有近 3 000 人，这是明代后宫最大的一次惨案。许多人都不明白，明成祖如此滥杀宫女，到底是为什么。

失去爱妃滥杀无辜

永乐初年（1403 年），明朝强大。朱棣追求享乐，后宫美女如云。永乐五年（1407 年），皇后徐氏病死，而王贵妃和贤妃权氏是他最宠爱的妃子。选自朝鲜的美女权氏，天姿国色，聪明过人，能歌善舞，尤其善吹玉箫，得到了明成祖的喜爱。

永乐八年（1410 年），成祖率军出征，带权贤妃和其他嫔妃宫女随军出塞。可这位得宠的妃子在大军凯旋时，不幸死于临城，葬在峄县。成祖十分伤心。

永乐年间，一位朝鲜商贾的女儿吕氏，史载中称"贾吕"，见到本国先期入宫的宫人吕氏，因为都是朝鲜人，又是同姓，贾吕想与吕氏交往。可吕氏对贾吕的为人很是不屑，拒绝与她结好，于是贾吕一直记恨在心。不久，成祖贤妃权氏死于北征军凯旋途中，而吕氏恰曾随军侍候过贤妃，于是贾吕诬告权贤妃是死于吕氏的毒茶。

朱棣当时正处于失去爱妃的痛苦中，闻后大怒，在没有仔细调查的情况下便下令诛杀吕氏及有关的数百宫女和宦官。

明代后宫最大惨案

永乐十八年（1420 年），朱棣准备立为皇后的王贵妃也死去了，朱棣再次经受丧失宠妃的伤痛。而贾吕与宫人鱼氏私下结好之事又在此时发生了。

朱棣龙颜大怒，大发雷霆。贾吕和鱼氏非常害怕，便上吊自杀。明成祖以此为由，亲自刑审贾吕的侍婢，不料竟然查出这一班宫女要谋杀皇帝的口供。

朱棣极为恼怒，亲自对宫女们动用酷刑，因株连而死的宫女近2 800名。

据《李朝实录》记载，当宫人被惨杀之时，恰有雷电击中宫殿，宫中的人都以为朱棣会因害怕报应而停止杀人，可是朱棣依然如故，丝毫"不以为戒，恣行诛戮，无异平日"。两次屠杀事件，被诛的宫女及宦官达3 000 人之多。

据说："明成祖晚年患病，容易狂怒，发作起来难以控制，甚至歇斯底里。他本性残忍好杀，又加上晚年的疾病，就更加狂暴异常。"官修《明史》及《实录》也只说他晚年容易发怒，至于究竟是一种什么病，发病的诱因是什么，现在已无从考证了。

神秘现象

皇太极继位之谜

1627 年 8 月 21 日，努尔哈赤毒疽发作而亡，皇太极继承汗位。历史上有关皇太极如何继位的，说法不一。据朝鲜史籍《鲁庵文集》记载："老汗（努尔哈赤）临死曰：洪佗始（皇太极）能成吾志。终无所命而死。"因而皇太极得汗位，是符合努尔哈赤临终之命的。

皇太极篡夺汗位

然而一些明清史专家认为，皇太极是从其幼弟多尔衮的手中把汗位篡夺来的。清人蒋良骐的《东华录》顺治八年（1651 年）二月记载：多尔衮声称"太宗文皇帝（皇太极）之位原系夺立"，暗示皇太极篡夺汗位。据说，努尔哈赤生前已立多尔衮为嗣子，而皇太极用尽阴谋从其幼弟手中夺取了汗位，还逼迫多尔衮生母大妃乌拉纳喇氏死殉。此说受到一些人怀疑，因为努尔哈赤痛恨多尔衮生母不忠，去世前曾特命她死殉。多尔衮当时才 15 岁，根本没有功业，更无威望，故不可能立他为嗣。皇太极即位后，对多尔衮大力培养提拔，而多尔衮对皇太极万分感恩，尽心尽力辅佐皇太极，成为皇太极最得力的助手。可以看出，皇太极与多尔衮兄弟感情很好。

由诸贝勒推举产生

还有学者认为，皇太极的汗位并非篡夺，而是由诸贝勒推举产生。太祖努尔哈赤生前未立嗣子，而是确立了为汗者须请诸贝勒推举产生的制度。《鲁庵文集》所记很富戏剧性：代善表示，按努尔哈赤遗愿，当立皇太极为汗。皇太极推辞，主张代善当立，并"相让走避"。国不可一

日无君，大臣们一会儿去请代善，一会儿去拉皇太极，"号呼奔走于两间者再三，凡三日"，最后还是代善使人"群拥"皇太极即位。

这段叙述不见刀光剑影、没有不择手段的权力争斗，而代之以和平友好的互相谦让。可这与贯穿清朝尤其是其前期的血腥的最高权力之争，形成了强烈反差，让人难以信服。

但按当时的情况，民主推举皇太极为汗，还是有可能的。因为当时人们相当崇尚武功，而皇太极的武功远远超过其他贝勒，与代善不相上下；此外，在政治策略、军事才能和个人威望上，皇太极都高出其他贝勒一筹，而且君主专制制度尚未发展完善，遇大事须协商办理，因而推举才能卓著的皇太极即位，也是有可能的。

神秘现象

顺治帝归隐之谜

我本西方一衲裟，为何生于帝王家？

天下万事纷纷扰，不如空门补破衲。

这是清朝顺治皇帝因箕爱妃董鄂妃去世。悲恸欲绝，看破红尘，遁入五台山落发为僧前作的一首诗。

堂堂大清皇帝。怎么会为一个妃子出家当和尚呢？这引来人们的纷纷猜测。

为情所困

据史料记载董鄂妃复姓董鄂，她的父亲董鄂硕，满洲正白旗人，是一个有二品世职的男爵。董鄂妃大约14岁时，被选入宫，配给了顺治帝的十一弟襄亲王博果尔。当时，清廷有个制度规定，宗室及亲王府中的贵妇人必须轮流入宫侍奉后妃。董鄂妃作为弟媳，自然也不例外。不料，入宫的董鄂妃竟被顺治帝一眼看中，演绎了一场惊天动地的爱情故事。

原来，皇后和妃子都是太后的侄女。顺治帝不满意她们，而与董鄂妃一见钟情后，他从孤寂愁苦的感情中解脱出来，一下子沉溺在忘我的恋情中了。据说，由于襄亲王申斥了董鄂妃，顺治帝竟因此狠狠地掴了他一个耳光。不久，襄亲王便因羞愤而死。顺治遂把董鄂妃收入宫中，封为贵妃。

顺治自登基后，名为皇帝，实不掌权。朝中先有雄才大略的多尔衮摄政，后有刚毅多谋的母后临朝称制，因此，形成了他喜怒无常、骄顽暴烈的脾性。而董鄂妃则贤良温驯、知书达理，以柔克刚，二人情投意合，恩爱非常。顺治帝曾数次欲废弃皇后，立她为后。第二年，董鄂妃为顺治生下了第四子，高兴的顺治帝把他称为"第一子"，并欲立这个儿子为皇太子。为此，董鄂妃遭到了皇太后和皇后的敌视。过了三个月，这个儿子夭折，董鄂妃更加受到皇太后的迫害，三年后抑郁而终。顺治先是失去爱子，后又痛失爱妻，巨大的悲痛和愤

懑，使他动用皇权，下了一道超乎寻常的旨意：全国为董鄂妃服丧。百姓三日，官吏一月。同时命令亲王以下，满汉四品以上的公主、王妃、命妇齐集景远门外哭灵，并对哭得不动情者严惩不贷。

之后，顺治帝又下令追封董鄂妃为"孝敬皇后"，并在用怎样的谥号上，同大臣们争执不休，直到把谥号增加到 14 个字——"孝献庄和至德宣仁温惠端敬皇后"，才肯罢休。

董鄂妃死后，顺治帝再无心朝政，终于在半年之后，看破红尘，遁入空门。人们普遍认为，顺治帝情缘断绝之日，正是佛缘缔造之时，并有文证、事证、物证在。

"文证"是说顺治帝的儿子康熙，曾四次上五台山，目的就是探视他出家的父亲。在顺治死后，康熙触景生情，赋诗一首：

又到清凉境，巉岩卷复重。

劳心愧自省，瘦骨久鸣悲。

膏雨随芳节，寒霜惜火时。

文殊色相在，唯愿鬼神知。

"事证"是说，顺治帝生前信佛，爱佛入迷。他曾请浙江报恩寺住持玉林入宫，为自己取法名"行痴"，并制了个"痴道人"的玺章。董鄂妃死后，他悲恸欲绝。10 月的一天，顺治帝强令他的佛门师兄茆溪森给他落发为僧。其实，这之前顺治已经正式当了 18 天和尚了。师父玉林赶来一看，皇帝当和尚，天下不容，深知闯大祸了。于是，把茆溪森架上柴堆，要施以火刑。顺治心知不怨茆溪森，不忍祸及他人只得答应蓄发还俗。并用一个太监替他出家，才结束了这场闹剧。

"物证"是说，康熙年间，两宫西狩，路经晋北，地方供给不了御用器皿，只得去五台山求借。借来的器物精致非常，非民间所有。人们便怀疑这是当年顺治所用之物。

因病而亡

另有一种顺治帝因病而终的说法，给"出家"说画上了一个问号。

《王文靖集·自撰年谱》记载：

　　顺治十八年元旦，朝臣应按旧例庆贺朝见，朝廷突然下令朝臣免见。然而，顺治帝却在养心殿破例地召见了王文靖，并赐座、赐茶。

　　第二天，他再次进宫，顺治帝与他进行了长谈，直到晚上才出宫。

　　初三日，顺治帝又在养心殿召见了他，并破例让他坐在龙床上，两人说话多时……

　　很多专家认为，这三天的密谈，肯定是绝密的大事。按说"立储"是件大事，但此时的顺治帝才24岁，身体康健，何必为"立储"而如此紧急磋商？

　　初六日夜，此臣又被召入养心殿，顺治帝说："朕患痘，势将不起，尔可详听朕言，速撰诏书，即就榻前书写。"他三拟诏书，顺治帝三次过目、钦点，直至第二日中午才算定稿。晚上，顺治帝便去世了。

　　此文的作者王熙，是顺治帝最宠信的汉族大臣，他的亲临亲见，应该比较可信。然而他也曾说三次面君的内容关系重大，不敢在书中披露。

　　又有《青琊集》记载，正月初二，皇帝曾到悯忠寺观看太监吴良辅削发为僧的仪式。初四，九卿大臣到皇宫问安，方知顺治帝染病。初五，早朝的大臣们发现宫廷有些异样，庆祝春节的对联、门神已全部撤掉，整个皇宫笼罩在一派肃杀、惨淡的气氛之中。初七晚，朝廷下大赦令，刑狱囚犯几尽一空，同时传令民间不要炒豆，不要点灯，不要泼水——这正是当时民间为天花患者祈福的风俗。

　　似乎是唯恐天花之事再降临到皇帝身上，于是在皇位继承人的选择上，才更倾向于已经出过天花的康熙。这一切记载都表明顺治确实死于天花。然而，这或许只是顺治精心策划的一场骗局！

　　把"病死"和"出家"结合起来分析，可以得出下面的推论：

　　顺治帝从小处于皇太后和多尔衮的重压之下，精神和心理都受到了严重的扭曲。不幸的婚姻给他带来了无尽烦恼，而昙花一现的爱情在给他带来极大喜悦的同时，又给他带来了无尽的哀怨，他因此而选择出家是完全可能的。

　　位于清东陵中的孝陵是顺治帝的陵寝，可是这里埋藏的不是顺治的棺木，而是一个骨灰罐。为什么顺治陵和其他帝王的陵墓不同呢？这又是一个不解之谜。

神秘现象

雍正皇帝的"继位阴谋"之谜

1723 年 10 月，康熙不顾 69 岁高龄，到南苑狩猎。十几天后，他忽觉得身体不舒服，就回京在畅春园休养，至 11 月 12 日病情本已稳定，但 13 日病情突然恶化，当日夜里即一命呜呼。14 日大殓。几天之后，皇四子胤禛登基，年号"雍正"。

雍正的突然继位，震惊朝野。各种传闻甚嚣尘上。时至今日，已过去三百多年的岁月，但他的继位仍是一个不解之谜。

弑君登位的传说

按一般正统史料记载，雍正继位是理所当然的。《清圣祖实录》记载康熙临终那天，曾召集胤祉、隆科多传旨："皇四子人品贵重，深省朕躬，必能克承大统，着继朕登基，即皇帝位。"朝鲜《李朝实录》载，康熙病重，解其所挂念珠于胤禛曰："此乃顺治帝临终时赠朕之物，今我赠尔，有意存焉，尔其知之。"还有一些能证明康熙病重期间，胤禛被委以重任的资料，足以说明康熙对胤禛的信任。如 11 月 9 日，康熙命胤禛斋戒，代皇帝行南郊大祀。13 日，康熙改派镇国公吴尔占代行祭天，胤禛三次被召。在此斋戒期间这样做是不同寻常的。

雍正六年（1728 年），有人投"逆书"，列雍正十大罪状：即谋父、逐母、弑兄、屠弟、贪财、好杀、酗酒、好色、诛忠。

如果"谋父"实有其事，

那么雍正的继位就值得怀疑了。

据说，康熙病重时，胤禛进了一碗人参汤，随即康熙就死了，接着，胤禛就继位了。也就是说，康熙是被雍正毒死的。此说似乎也在理：因为原来康熙病情已经稳定，而13日骤变，突然去世实在令人生疑。又据说，当时有个意大利人马国贤曾身临其境，认为即使不是毒害，也出现了不同寻常的变故。另据推测，畅春园是处在隆科多的严密控制之下的，他负责康熙的安全警卫及执掌卫戍兵权，而他又是雍正的舅舅，那时只有他能接近康熙，因此不排除他参与下毒的可能。

照此推理，雍正不是继位，而是篡位。

那么，雍正谋父之后，又是如何"篡位"的呢？据说是隆科多擅自篡改了遗诏，将"十四子"改为"于四子"，将"胤禵"改为"胤禛"了，雍正依诏登基，顺理成章。还有人说，雍正初年（1723年），他借口杀了隆科多是为了杀人灭口，让篡位之事变成永远的秘密。还有人推断，雍正之所以在皇十四子返京之前"谋父"，也是怕节外生枝。

究竟雍正是弑君夺位还是正常登基，历史上尚无定论，也许这是个永远的谜案了。

神秘现象

光绪驾崩真相难白

　　1908 年 11 月 24 日，光绪帝病逝，这位曾经因支持维新变法而得罪了慈禧太后的明君，死时年仅 38 岁。对于光绪皇帝的死，历来说法不一。

忧郁而死

　　一种说法是：光绪帝自幼身体多病，患有严重的肺结核，肾、肝及其他器官也极其衰弱。再加上他是在内忧外患时期登上帝位的，戊戌变法失败后，他曾被慈禧太后软禁，长达 9 年，朝政全落入太后之手，他自然心情沉重，忧郁愁闷，使病情加重。在中国第一历史档案馆，可以找到光绪帝诊病的记录，从其临终前的病情看，光绪之死，实是虚痨日久、心肺功能衰竭所致。

被慈禧谋害

　　光绪帝病死的说法受到部分学者的质疑，既然光绪帝是正常的病死，为什么不按正常的清廷规矩料理后事呢？按清廷规矩，皇帝死了，要使用专为"请"遗体的"万年吉祥轿"。而处理光绪帝时却一切平常。据曾任当时清廷内务府三席大臣的察崇之子察存耆回

慈禧皇太后的黑暗专制是造成清朝末年中国积贫积弱、内忧外患的一大原因

忆：光绪帝死后，没有用"万年吉祥轿"，而是悄悄地将光绪尸体移入宫内。等内务府大臣赶到时，尸体已由太监代为入殓完毕，也就是说，内务大臣根本就没有亲眼看到过光绪帝的尸体，更没有参加入殓仪式。这就不能不令他们大为疑惑，从而怀疑是慈禧太后所为。然而甚为巧合的是，光绪驾崩的第二天，慈禧也病故。如果慈禧知道自己将不久于人世，为什么还要害死光绪帝呢？如果不是慈禧授意别人害死光绪帝，为什么皇帝的死不明不白，匆匆入殓，却又无人敢言呢？关于这个问题，有学者猜测这是由于李莲英及袁世凯害怕慈禧死后光绪要杀他们，所以匆匆忙忙在慈禧死前害死光绪帝。但此说也很难找到可靠的根据，因此关于光绪帝的死因只能成为一桩历史悬案，有待于后人解答了。

神秘现象

珍妃坠井之谜

珍妃，即他他拉氏，是清朝末年满洲镶红旗人。她才色并茂，颇通文史，光绪十四年（1888 年）进宫，后被册封为珍妃。光绪帝与珍妃两人感情甚好，但慈禧与珍妃一直不和，后来由于珍妃支持光绪帝实行戊戌变法，因此受到慈禧太后怨恨，最后在光绪二十六年（1900 年）七月，八国联军入侵北京、慈禧出逃前夕，将珍妃溺死于宁寿宫外的井中

珍妃坠井真相

据《清朝野史大观》记载，当年八国联军兵临城下，慈禧等人收拾行装准备逃出紫禁城，珍妃提出异议，认为皇上是一国之君，应该留京，太后大怒，命李莲英将其推入宁寿宫外的大井中。

这种说法认为是因珍妃干预朝政、支持变法，激怒了慈禧，致使慈禧在西逃西安时，将其除掉。

但是也有人说珍妃并未进言让"皇上留京"，珍妃坠井是由于慈禧太后用封建的贞节观诱逼导致的。

太监小德张的过继孙子张仲忱在《我的祖父小德张》一文中记述了珍妃死时的情景：由于珍妃当时患重病，请求准许回娘家避难，慈禧不准，让崔玉贵把其推入井中溺死。

珍妃的死因众说纷纭，至今仍是一个未解之谜。珍妃的死引起了人们对她的深切同情，一批正直的士大夫和知识分子纷纷著文悼亡。

光绪帝坐像

中国神秘现象
ZHONGGUO SHENMI XIANXIANG

地理之谜

神秘现象

塔克拉玛干之谜

　　唐代高僧玄奘曾在他的旅游笔记《大唐西域记》中讲述过曷劳落迦城被沙埋没的奇妙经过。

　　曷劳落迦城在媲摩城北，原是一个十分富庶的城镇。但是，在这个城镇中居住的居民不敬神佛，欺凌过往的僧侣，用土块投掷他们，他们的行为惹怒了神佛。7天之后，一场突发的风暴将全城埋没。全城居民中，只有一户因接济过僧侣，这家人被提前告知，筑地道逃了出来，其余的居民则全部丧命。传说这个被淹没的城市中有许多珍宝，吸引了许多人前往发掘。然而，不论是谁，只要接近曷劳落迦城，就会惨遭不幸。

　　玄奘的记录旨在说明塔克拉玛干沙漠的风暴是湮埋这一地区古代文明的重要原因。

　　塔克拉玛干沙漠腹地大风并不多，并且在高大沙丘区，沙丘移动十分缓慢，一年移动距离不足1米。所以，人们常说的自唐代以来，塔克拉玛干沙漠向南移动了80—100千米的说法是不对的。长久以来，塔克拉玛干新增沙漠化土地不过3万多平方千米，即使全部摊到塔克拉玛干南缘，也不过平均4千米的距离。这可能是因为原来就在沙漠中的城镇、道路在废弃后，被沙掩埋造成了沙漠大规模向南移的假象，实际上，这些遗址南面原来也是沙漠，它们的废弃使南北沙漠合二为一。

　　大风扩大了沙漠化的危害，在沙漠外围地区，由于风力活动，会使一些低矮的沙丘每年移动几十米至上百米，对绿洲造成严重危害。而且，由于塔克拉玛干沙漠的沙粒十分微细，在很小的风力下就会移动。别的地方起沙风须达到6米/秒，而在塔克拉玛干地区风力只要达到4米/秒时就能起沙，这使塔克拉玛干成为我国西北地区沙尘暴的一个重要发源地。

　　沙尘暴是塔克拉玛干沙漠地区一种常见的天气现象，在塔中和塔

西，每年的沙尘暴日分别达到 65 天和 60 天，一举夺取新疆的冠、亚军称号。沙尘暴影响范围少则几百米，多则达上百千米；时间短则几分钟，长则一昼夜以上，能见度差时真是伸手不见五指，大有"黑云压城城欲摧"之势。当沙尘暴与一些过境恶劣天气相结合时，所形成的沙尘暴更是来势汹汹，规模浩大，常常形成灰、黑、黄色的巨大沙幕，席卷而来，大有吞没万物的气势。

塔克拉玛干沙漠中的天气现象丰富多彩。除了日升、日落、朝霞、夕阳、煦煦和风、狂烈风暴等特色外，也可以见到被认为是湿润地区特有的雾、雹、露、霜、雪等种种现象。

雾是因水汽凝结而生，而在被视为干燥绝顶的塔克拉玛干，一样会有大雾天出现，一年中，雾日有三天半。一些学者从理论上探讨过，雹子在极端干旱的沙漠区绝不可能出现，可实际上，塔克拉玛干地区一年中也会有冰雹落下。

在塔克拉玛干腹地，一年中有近 10 天的雷暴日，有长达 140—230 天的霜日，甚至有 2 天降雪日，积雪深 1—5 厘米。看到一望无际的大漠一派银装素裹，人们真要惊叹大自然的造化神功了。塔克拉玛干的确是一个神奇的地方。

神秘现象
珠穆朗玛长高之谜

　　有着"世界屋脊"之称的珠穆朗玛峰在人们心中似乎已经成为地球上高耸的传奇。但是人们所不知道的是，这座挺拔的山峰竟然会不知不觉地长高，这究竟是什么原因呢？

　　近年测量数据显示，珠穆朗玛峰的高度为 8 848.86 米，同时，它仍以每年 3.7 厘米的速度增高。它在第四纪的 300 万年间上升了约 3 000 米，平均一万年上升 10 米；而最近一万年，它却上升了 370 米，即一年上升 3.7 厘米。虽不易察觉，但目前它仍以缓慢的速度上升着。那么，珠穆朗玛峰将会无限制地不断升高吗？如果是这样的话，它会有最高限度吗？如果不是，它又怎样停止这种"增高活动"呢？这些都是科学家们一直在探讨的问题。

　　有的科学家认为，珠穆朗玛峰的增高是脆弱的，随着层层加码，下面的岩石承受的压力逐渐变大，这必然存在一个极限，一旦达到这一极限，底下的岩石将会"粉身碎骨"，而整座山也将土崩瓦解，最终毁于一旦。那么，这一极限的终点在哪里呢？从微观角度来看，岩石都是由岩石分子构成的，无数的岩石分子以一定的结构相互排列，它们之所以能够彼此合作，构成坚硬的岩石，是因为它们之间存在着电磁力，就像人们在叠罗汉时用自身的体力来支撑上面的重量一样。这里，电磁力和体力起着相同的作用，如果底下的人体力不足以支撑上面的重量，那他就会站立不稳，最终支持不住。同样的道理，当山的山峰重量大于岩石分子之间的电磁力时，也就造成了叠不成罗汉的"悲剧"——山越高，它自身的重量就越大，破坏岩石分子之间电磁力的能量也就越强。底下的岩石将遭到破坏，高山就会摇摇欲坠，岌岌可危，造成山崩地裂的后果。

神秘现象

鄱阳湖的"魔鬼三角"

在中国最大的淡水湖——鄱阳湖北部,有一处令当地渔民闻风色变的神秘三角地带,这便是被称为"魔鬼三角区"的老爷庙水域。老爷庙水域位于鄱阳湖区的江西省都昌县,南起松门山,北至星子县城,全长24千米。在湖东岸上有一座破旧的庙宇,被称为"老爷庙",这片水域由此得名。

20世纪60年代初,一条渔船从松门山出发北去老爷庙,刚出发不久便突然沉入湖底,十几条人命被吞噬。

1985年3月15日,一艘载重250吨的中型货轮凌晨6点半在老爷庙以南3千米处沉没。

同年8月3日,江西进贤县航运公司的两艘载重20吨的船只,也在老爷庙处先后莫名地沉没了。同一天中,在这里遭此厄运的还有另外12艘船只。

同年9月,一艘来自安徽省运载竹木的机动船在老爷庙以北突然笛熄船沉。死里逃生的船员转身望去,只见湖面上浊浪翻滚。

1985年,在此沉没的船舶有二十多条。1988年,据都昌县航监站负责人透露,又有十余艘船只在这一片水域沉没。

老爷庙建立的确切年代很难说清,传说元末朱元璋与陈友谅在鄱阳湖展开决战,一次,朱元璋遭受困顿,逃亡途中,遇上一位老神仙,老神仙便派遣一只乌龟将朱元璋救至老爷庙处。朱元璋从此时来运转,后来终于打败了陈友谅,当上了皇帝。当地的老百姓为了感谢那只神龟,便在湖岸边的高地上建起了一座庙宇,称为"老爷庙"。

从此,渔民们每当划船行至此处,便要屠杀公鸡或烧香拜佛,以希望神龟保佑他们平安。然而烧香磕头、宰杀公鸡等并未改变渔民们的悲惨命运,沉船仍时有发生,而且日趋频繁,老爷庙水域对当地渔民来说简直就是"鬼门关"。

迷信自然不可信。可是在这波涛咆哮的水域下面到底隐藏着什么?至今仍是一个谜。

神秘现象

奇妙的神农架

神农架是一个神奇的地方，关于它的传说非常多。在人们眼中，神农架成了神秘的代名词。

深潭水怪

1986 年，当地农民在神农架深水潭中发现了三只巨型水怪。它们的表皮呈灰白色，长相与蟾蜍相近，体积却是蟾蜍的几十倍。这种怪兽有两只圆眼睛，嘴巴极大，发达的前肢上有五个又粗又长的脚趾，趾与趾之间有蹼连接，在趾尖还隐藏着锋利的爪。它们通常上半身露出水面，下半身浸在水中，所以，人们至今也不知道它的下半身是什么样的。据预测，这种水怪可能是两栖类动物。

神农架演变史

这种水怪到底是什么东西，就连动物学家都不敢断言。有的专家指出，7 亿年前，神农架地层开始从海洋中崛起，几经沉浮，最后形成今天的样子。所以，我们有理由相信古生物的后代有条件在这里存活。如果真是这样的话，那么，它是哪一种古生物的后裔呢？

白色怪物群

在通往板壁岩的公路旁，是白色动物的出没之地。这个叫阴峪河的地方，很少有阳光透射进来，适宜白金丝猴、白熊、白蛇、白龟、白乌鸦、白猫头鹰等动物栖息。白蛇的传说更引起了人们的兴趣，人们从各地竞相赶来一睹为快。据说，白色动物只可能生活在北极，这么多动物在神农架返祖自变，仅仅用气候的原因是解释不了的。

神秘现象
黑竹沟之谜

黑竹沟森林幽深，奇花异草遍布，既令人神往又令人恐惧。在黑竹沟深处似乎隐藏着巨大的秘密。

失踪案件

1950年初，国民党胡宗南部队的半个连，仗着武器精良，准备穿越黑竹沟逃窜。可谁知进入沟后，一个人也没出来。

1977年7月，中国四川省林业厅森林勘探设计一大队来到黑竹沟勘测，宿营于关门石附近。两名技术员主动承担了闯关门石的任务。第二天，他俩朝关门石内走去。可是到了深夜，依然不见两人回来。第二天开始，寻找失踪者的队伍逐渐扩大，川南林业局与邻近县组织的百余人的搜寻队也赶来了。他们踏遍青山，找遍山谷均未发现两名技术员的踪影。

不明浓雾

9年后，川南林业局和邻近县再次组成二类森林资源调查队进入黑竹沟。由于森林面积大，调查队入沟后仍然只能分组定点作业。副队长带领的小组一行7人，一直推进到关门石前约两千米处。这次，他们请来了两名当地猎手做向导。副队长最后与两位猎手达成了一个折中的协议：将二人带来的两只猎犬放进沟去试探。第一只猎犬一纵身就消失在峡谷深处。可半小时过去了，猎犬仍不见归来。第二只同样有去无回。两位向导急忙大声呼唤他们的爱犬。顿时，遮天蔽日的茫茫大雾不知从何处涌出，9个人尽管近在咫尺，彼此却无法看见。惊慌和恐惧使他们冷汗淋漓，大气不敢出。一会儿，浓雾又奇迹般消退了，眼前依然古木参天，箭竹婆娑。队员们如同做了场噩梦。黑竹沟从此再无人敢入……

神秘现象

石钟乳开花之谜

由于地壳不断地运动，海水退去，出现了绵延不断的喀斯特岩溶地貌石灰岩山峰。溶洞被溶蚀扩大，而溶于水中的石灰岩溶液，从洞顶往下滴，甚至往下流，促进二氧化碳进一步扩散，同时溶液受蒸发作用而逐渐饱和，而剩余的碳酸氢钙沉淀，则形成石钟乳。

植物开花，是一件很平常的事，但在中国广东、北京等地区的溶洞中却发现石钟乳也会开花，这种现象令人百思不得其解。

白云洞位于中国华北平原与太行山山区交界的崆山地区，面积约4 000 平方米，其中最大的洞厅面积为2 170 平方米。该洞的独特之处在于洞内溶岩造型丰富、密集而又富于变化。洞内的线性石管广布，形态绮丽的牛肺状彩色石幔、石帘多有分布，晶莹如珠的石葡萄、石珍珠等也比较常见，这些在国内已属罕见，更奇特的还有"节外生枝"景观。"节外生枝"是一个网状卷曲石，它与普通的石钟乳不同，不是垂直向下，而是凌空拐了一个直角，向旁边生长开去，并且拐弯一段的前端比后端粗壮。这种造型是怎么生成的，至今仍未可知。

中国广东云浮蟠龙洞全长近五百米，洞分三层，拥有洞穴世界中的稀世珍品——宝石花。长在蟠龙洞中的宝石花不像常见的滴聚而成的石钟乳那样上下垂直，而是横向斜生，甚至违反重力作用而向上节节生长。曾有人不小心把一个石花碰断，这一偶然事件，却揭示出蟠龙洞宝石花的另一个秘密：一年后，人们发现折断的宝石花又长出了几厘米，而众所周知，一般的石钟乳、石笋几十年也长不了这么长。

神秘现象
泰山"佛光"之谜

　　人们对于泰山佛光的传说熟知已久，泰山脚下的居民曾有幸见到过这一景观。人们说泰山佛光是岱岳菩萨显灵，假若登泰山的人能见到佛光，将是非常幸运的事。

佛光乍现

　　佛光像一个巨大的五彩缤纷的光环，呈现在人们眼前。它的彩带显现出红、橙、黄、绿、青、蓝、紫七色，极其绚丽。最外一层的红光圈如斑斓的日珥一样，光彩夺目。在巨大的光环中似乎还有人影晃动。这是围观者的影像，人们激动得手舞足蹈，光环中的影像也随之活动。这时候，恐怕真是"目睹佛光惊神魂，飘飘欲飞似仙人"了。周遭白云飘忽不定，雾气氤氲，光环时隐时现，时浓时淡，开合幻化。片刻之后，佛光又会在象鼻峰前的白云洞出现。此时登山的人会越来越多，连刚刚爬上南天门的游客，也顾不得休息，都竞相一睹这奇特的景观。

　　云雾消散了，佛光不见了，只剩下光芒四射的碧霞和熠熠闪亮的天街。佛光出现的时间从清晨7时多到8时，延续约一个小时。人们如春梦初醒，痴情地望着天空。碧霞元君把佛光收回去了，但是游客早已经把难得的景观藏入脑海之中。

佛光成因

　　泰山佛光多半出现在岱顶，从瞻鲁台、碧霞宫至南天门这一狭长地带。它是太阳照射云层或雾层而形成的彩色光环。云和雾都是由空气中颗粒极小的水蒸气凝结而成的，当太阳光照射云雾时，这些小水珠就像三棱镜一样产生折射作用，把原来白色的阳光分解成红、橙、黄、绿、青、蓝、紫七色，就形成了我们所看到的彩色光环。佛光的大小和位移以及清楚与否，都和云雾的浓淡变化有关。看来"佛光"是大自然创造出来的奇迹。

神秘现象

香格里拉探秘

据推测，香格里拉在喜马拉雅群山之中。但迄今为止，人们仍无法确认这座山系共有多少山峰，目前所知道的 8 000 米以上的山峰有 14 座，7 000 米以上的山峰有好几百座。在喜马拉雅山的山脚下。散居的人们住在小而宁静的石屋里，过着与世隔绝的生活，虔诚地守护着自己的文明。在这偏僻的、远离喧嚣的地方，他们常常在没有任何运输工具的情况下。背负五十多千克重的物品步行几十千米。平时要忍受物资缺乏和疾病侵袭。甚至地震、洪水和山崩等自然灾害。但是有喜马拉雅山的绮丽风光，是没有人会感到厌倦的。

随着登山运动的逐渐盛行，喜马拉雅山区已逐渐为大众所知。但是，这里居民隐士般的生活仍然丝毫未变。数十户石造小屋集成一个村落，每家户外都种满了高茎圣诞红；老人在门边劈竹编篮，孩童裸身在小河里玩耍，而健硕的壮年人就扛着锄头到梯田里去干活。农闲时大伙儿便坐在小庙前的广场上闲话家常。有人说香格里拉在中国西藏，而前往香格里拉圣地的入口，就在布达拉宫的神殿之下。这种传

说有一定道理，因为布达拉宫本身就是藏传佛教的圣地，其选址和设计必然独具匠心，而且布达拉宫结构复杂，地道、暗门众多，如同迷宫一般。但迄今为止，人们仍没有找到通往香格里拉的真正入口，也没有找到有关入口的确实可靠的记载。

20 世纪 90 年代，一个石破天惊的消息轰动了海内外：詹姆斯·希尔顿笔下所

描绘的香格里拉原型就在中国云南迪庆。这里处于终年积雪的雪山、江水奔腾的峡谷和大片的原始森林之中，天空碧蓝、泉水清澈。梅里雪山有葱郁茂密的森林，落差达4 800米，森林海拔4 300米。森林蕴藏的物种繁多。森林之上是高山草甸和冰清石滩，再往上是冰川。站在梅里雪山的明永冰山上，四周景物一览无余。冬季冰川白茫茫一片，冰舌下延到森林中，最终端海拔2 600米。白色的冰舌在碧绿的林海中徜徉，宛如龙腾大海，而雪崩惊天动地的怒吼，更增添了冰川矫若游龙的气势。山脚下终日奔腾不息的江水呼啸奔涌，惊涛拍岸。每年到梅里雪山朝拜的香客络绎不绝，他们大多来自青藏高原的昌都、玉树及康巴地区。此处特殊的景观和气势是吸引崇拜自然力的藏民朝圣的主要原因之一，而吸引藏民远来朝拜的神山在他们心中的地位是永远不可动摇的。

神秘现象

响石和响山

大自然是个神奇的工匠，看似平常而毫无意趣的事物在它的把玩之下也会变得妙趣横生。

在中国广西靖西县，有个叫牛鸣坳的山坳，横卧着两块巨大的岩石。巨岩表面光滑，只要向上面的洞内吹气，就会发出一阵阵雄浑的"哞哞"牛叫声，吹气越大声越响，群山共鸣，势如群牛呼应。经研究发现，牛鸣石是浅灰色的石灰岩，多年来被雨水侵蚀形成了一个个孔洞。蚂蚁、蛇、鼠和鸟类穿行其中，它们就像建筑工人一样，一点一点地把粗糙的洞壁打磨光滑。人往一个洞口吹气，互相连通的孔洞受空气摩擦，产生铜管乐器的效应，发出动听的牛鸣声。

在我国河北省青龙县老岭山东面还有一段响山，海拔约一千米，势如黄钟覆地。岩隙罅穴格外多，而且又处于大山的环抱之中，呈合围之势。所以劲风一吹，擦壁如琴，入穴如笛，搏柱如钟，穿罅如弦。于是百乐和鸣，时而高山流水，如泣如诉；时而黄钟大吕，抑扬洪亮，让人们不得不佩服大自然管弦乐队的精彩表演。

神秘现象

芳香之地

　　我国湖南省洞口县山门镇清水村西北约两千米处的一个山腰上，有一块散发着香味的土地，其面积仅有五十多平方米。在这个群山环抱、人迹罕至的地方，香地上面悬崖峭壁，下面溪水潺潺。从表面看，这里与附近地区没有任何区别，生长着与其他地方一样的植物，土壤颜色也与周围的相同，但它却能散发出阵阵奇香。

　　一位采药的山民路经此地，发现有异香扑鼻，这引起了药农的注意，他反复查看了这里所有的花草树木后均不得其解，最后，他突然明白，原来正是脚下的土地发出这特别的香味。

　　后来，来到这里的人们发现，这奇特的香味仅局限在这方圆几十米的范围内，只要越出一步，香味就闻不到了。人们还发现这里的香味随气温的变化而变化，早晨露水未干时，味道显得格外香；焦阳似火的中午，则变得淡淡的；日近黄昏，天阴或雨过天晴时，香味会渐渐变浓。人们还发现，这香味还可以使人精神舒爽、神志清醒。

　　许多专家慕名来到这里进行实地考察。当他们亲身感受到这奇香之后认为，这种香味可能与这里地下存在的某种微量元素有关，当这一微量元素放射出来同空气接触后就会形成一种带有香味的特殊气体。香味时淡时浓，可能和这种放射元素的强弱和气温变化有关。

　　这奇妙的香地究竟是如何形成的？如果说与放射性元素有关，那么这又是一种什么样的元素？它为什么仅存于这狭小的范围内？目前人们很难说清楚。

神秘现象
宝岛形成之谜

　　一条浅浅的海峡分隔了祖国大陆与宝岛台湾。在遥远的地质年代，它是否和大陆处于一体的状态？这个问题到现在还没有确定的答案，人们众说纷纭，而且态度都很肯定，都有各自的道理。

　　一种看法是，台湾与大陆属于同一地层结构，在距今100万年前，它本是大陆的一部分，同大陆连接在一起，那时宝岛可能是大陆的一个半岛。后来因地层变动，局部陆地下沉，形成了台湾海峡，使台湾成了海岛。持这种看法的人还指出，直到6 200年前，澎湖列岛南部同福建陆地之间，还有一条经过台湾礁的陆地联系着，而澎湖与台湾的陆地联系则一直维持到距今5 400年前。

　　有人还从台湾的史前文化角度来证明。人们在台东县长滨乡八仙洞发现了旧石器时代的文化遗址，那里出土的六千余件石制品都与祖国大陆出土的同时代的石制品非常相似。在台北县淡水镇八里乡八盆坑发掘出的用青铜制成的两翼式箭头，经切片化验，发现它的冶铸方法是大陆殷商时代通用的。

　　另外，人们在淡水河流域出土的赤褐的粗砂陶器与福建金门县出土的黑色和红色的陶器在刻纹等方面很相近，可能属于同一类型。有人在台湾西部发现许多大型哺乳类动物——象、犀牛、野牛、野鹿、剑齿虎等的化石，这说明早在距今100万年前，有大批动物从大陆其他地方移到原属大陆的台湾。

　　另一种看法认为，台湾是东亚岛弧中的一个环节，它的形成与东亚岛弧的形成、发展有着密切的关系。由于地壳运动，产生了褶皱、隆降，从而奠定了台湾地质的基础。

神秘现象
"仙字潭"之谜

在闽南华安县汰内乡苦田村附近有一深潭，名曰"仙字潭"。传说里面包含着中国东南地区古代的历法和社会情况，谁破译了这些密码，谁就能揭开这片土地的秘密。

在潭北岸蚺盘山的峭壁上，留有不少古代文字石刻，因无人识得，传为仙人所留。这些文字刻在蚺盘山东西长约二十米的天然峭壁上，高约三十米，下距水面约二米，所刻文字多者一二十，少者仅一二字。这些字排列无序，笔画不整，深浅不一，字呈人形、兽形，还有些形似楷书。

自 20 世纪初以来，仙字潭即引起中外学者的广泛注意。但学者们并未形成统一的看法，人们争论的焦点集中在仙字潭文字的释读、石刻的年代以及文字的族属等问题上。

在诸多问题中争论得最激烈的当数族属问题。迄今为止，共有四种观点，即蓝雷族说、古吴或先吴说、七闽族说以及古越族说。其中古越族说，无论从地域及历史背景，还是从石刻文字的形态结构、内容进行分析所得结论来说，都显得较为成熟。

而对石刻文字释读的结果有两种截然不同的观点：一种观点认为是记载了当时的吴部落征伐越族某一部落胜利后的情景；另一观点则认为石刻所反映的是处于奴隶社会时期的古越人庆贺收成、祭祀祖先的场面。

对仙字潭石刻的年代也是众说纷纭。最晚的把年代定在隋唐；有的认为其最早不过商末，下限在春秋晚期；也有的认为可能在商周之间，距今约二三千年。关于石刻年代论述得比较具体的是福建岩刻字流行的时代，应当是在楚灭越时，大约是在战国晚期。

如此神秘的仙字潭，一切都是那么令人遐想，相信随着人们对其认识的提高，最终可以揭开它身上那层神秘的面纱。

神秘现象

玛瑙湖之谜

玛瑙并不少见，但如果在几十平方千米甚至更大面积内由玛瑙结成了一片"湖"，恐怕就没有多少人敢相信了。然而，在内蒙古西部的茫茫戈壁中，就有一个神奇的玛瑙湖。玛瑙湖总面积四万多平方千米，仅湖心地区就达几十平方千米。湖里不但有玛瑙，还有蛋白玉、风凌石、水晶石等多种宝石，是一块名副其实的璀璨宝地。只是由于它地处内蒙古西部的茫茫戈壁，世人很难见到它的真面目。

玛瑙与人类古代文明

玛瑙作为玉髓的变种，因其颜色美丽多变、透明度不同而呈现出神话般玲珑剔透的色彩，历来受到人们的喜爱，被用作装饰品。美索不达米亚平原是世界上最早的文明发祥地之一，那里早期的居民沙美里亚人，用玛瑙来做图章、信物、戒指、串珠和其他艺术品，他们在隆重仪式中使用玛瑙斧头和其他玛瑙制品以示庄重。

神奇的玛瑙形成过程

科研人员认为，大约在一亿年以前，地下岩浆由于地壳的变动而大量喷出，熔岩冷却时，蒸气和其他气体形成气泡。气泡在岩石冻结时被封起来而形成许多孔洞。很久以后，孔洞浸入了含有二氧化硅的溶液，凝结成硅胶。含铁岩石的可溶成分进入硅胶，最后二氧化硅结晶为玛瑙。

玛瑙雏鸡

玛瑙在宝石中的价值并不高，但在玛瑙湖却发现了世界上最为奇特的"玛瑙雏鸡"。从表面看它似乎也就是块石头，可当科研人员用激光照射这块石头的内部时，里面竟然有一只小鸡，小鼻、小眼、小嘴巴清晰可见，栩栩如生。一般情况下动物化石是硅化物，可这只生动逼真的小鸡却出现在这亿万年风雨的杰作——玛瑙之中，在令人惊叹不已的同时又令人困惑不已。

神秘现象
"鬼城"之谜

作为道家七十二福地之一的名山，山上道观鳞次栉比，因苏轼诗云"平都天下古名山"而得名。名山孤峰耸翠，古木参天，直插云霄；殿堂庙宇，飞檐雕栏；下临长江，烟波浩渺，气象万千，构成了一幅多姿多彩的山水画卷。说到名山的闻名，这还要与鬼城联系到一起。

鬼城的传说

在我国古代著作中，皆称平都山（今名山）为阴长生、王方平成仙飞升之地。随着往来平都山的探访者络绎不绝，阴、王二仙的故事也被广泛传扬，后人误将阴、王传为"阴王"，而说"阴王"乃"阴间之王"。"阴王"既然在丰都名山，"鬼城""幽都"自然是在丰都了。

还有人说，名山是丰都大帝管辖的阴曹。清《玉历宝钞》记载："阴曹地府"的最高统治者是"丰都大帝"。他管十殿阎罗、四大判官、十大阴帅、城隍、无常、孟婆、大小鬼卒以及各岗位设置、阴法刑律的制定等。

名山至20世纪40年代末已形成了天子殿、大雄殿、百子殿、玉皇殿、千年殿、九蟒殿等十二殿狱的寺庙和"阴曹地府"近百个鬼神雕塑，在全国别具一格，在东南亚各国享有盛誉。

鬼城"鹿鸣寺"

离名山不远，还有一座雄姿挺拔的双桂山，处于丰都县城西北。那里风光秀丽清奇，一扫名山的鬼气。历史上，双桂山曾被称为鹿鸣山。早在唐代山上就建造了"鹿鸣寺"，后到明朝天顺丁丑年间（1457年），由邑进士官授江西按察司金事杨大荣捐资扩建。

寺庙雄伟，盛名远扬，它分为上、中、下三个大殿，飞檐斗拱，气势磅礴，内塑有佛爷、观音菩萨、地藏菩萨、十八罗汉等。鹿鸣寺结构精巧，依山傍水而立的"观音阁""道子堂"坐落在寺侧显目位置。寺内还有一口四季常流的"玉鸣泉"。泉水水质清冽、纯净甘甜，有"老龙水""还童水""长生水"的美称。

神秘现象

岩画之谜

　　1994 年 10 月的一天，云南漾濞县文化馆的一位文化干部到距县城不到 10 千米的河西乡金牛村处理事情，听村上的医生说起山上有一巨石，因像个戴帽的人头，故名叫"草帽人"。在"草帽"下面有许多影子般的小人、小兽时隐时现。有人说是过去仙人留下的图画，有的又说是神鬼的符咒……这位工作人员立即被吸引住了。凭着多年文化工作的经验，他隐隐约约地意识到，这将会是一个重大发现。他心情很激动，急切地请医生带他上山看看。于是，漾濞岩画就这样被发现了。

岩画悬案

　　就整个画面初步统计，现在可识别的人像共计 107 个，动物 20 只。人像中，高度最大为 48 厘米，最小为 4.5 厘米。从内容来看，这些图画的产生年代应十分久远了，到底产生于什么时代？出自什么样的人或人群之手？它到底反映了什么样的生活图景和文化观念？这些问题尚待进一步探索和发现。

岩画真貌

　　漾濞江从金牛村的旁边流淌而过，从金牛村出去，可到达岩画地点的海拔是 2 020 米。作为岩画载体的那块叫作"草帽人"的大石头的"帽檐"正好为下面的画面挡住了许多风霜雨雪。这无疑是岩画得以保存至今的重要原因。

　　从岩画的一侧测量，这块石头距地面最高处有 9.05 米，全长 23 米。画面估计是由赤矿物和动物血做颜料绘制而成的，大多呈赭褐色，少量偏黄。

　　可惜的是，岩画左上角已经剥落，中间被雨水冲刷去了一小部分。现在能见到的画面情形是：右上方是一头硕大的野牛的侧面像，高两米多，似奔跑状，牛头和牛前腿画得生动有力，但牛身的后半部却剥落难辨了。画面的左下部有一头被围栏圈住的野兽，似熊，熊下面有一栏杆似的建筑，也有一个被围住的动物……岩画留下的谜团还有待于我们去进一步发现和研究，以期早日揭开岩画背后的寓意。

神秘现象

冬暖夏凉的地带

地球的自转和公转，与太阳距离的远近不同，这些都影响着地球接收的太阳光热．因此形成了地球的一年四季——春、夏、秋、冬。而某些奇特的地域却打破了这一自然规律，出现了超自然的现象，它的冷热不随外界条件变化而变化，有其自身的变化规律。

在辽宁省东部山区桓仁县境内，有一处被人们啧啧称奇的"地温异常带"，整个"地温异常带"长约15千米，面积为10.6万平方米。

在这块神奇的土地上，随着夏天的到来，地下温度便逐渐开始降低。当地表温度高达30℃以上时，在这里地下一米的深处，温度竟达到了–12℃。特别是当地一位农民家房后的一道长约一千米、宽约二十米的小山岗，则更为明显。1995年的夏天，这位农民的父亲在堆砌房北头的护坡时，扒开地表上的岩石后发现那里竟冒出了寒气。老汉十分惊讶，于是在这里用石块垒成了一个长宽约六十厘米、深近一米的小洞。这个小洞就变成了一个天然的冰箱，散发出阵阵寒气，人只要站在距洞口6—7米远的地方，就会被这寒气冻得难以忍受。

入秋后，这里的气温开始逐渐上升，到了寒风凛冽的隆冬时节，这"地温异常带"上则是一番热气腾腾的景象，这时在地下1米深的地方，温度可达零上17℃，以前的"天然大冰箱"这时又变成了"保温箱"。虽然大地已经封冻，但在这片土地上，却是绿草茵茵。这户农民在这里平整了一小块地，上面盖上塑料棚，在这棚里种上大葱、大蒜。当地农民充分利用了这一条件，在这道土岗的护坡前盖了一间房子，利用洞口的冷气制成了小冷库，冷冻效果十分理想。

神秘现象

长寿之谜

"石林王国"位于广西巴马地区，海拔 300—600 米，最高的塔云山达 1 216 米。境内峰峦叠嶂，怪石嶙峋，岩石裸露，洼地密布，形成星罗棋布、大大小小的"弄场"数千个，素有"千山万弄"之称。这里年降水量 1 600 毫米，"暴雨一来土冲光，雨过天晴旱死秧"。20 世纪 80 年代以来，这一带大部分年人均纯收入在 200 元以下，半数以上的人尚未解决温饱问题。然而，这里的人们竟能安居乐业，甚至还可以长命百岁呢！

西山乡

在巴马，最有名的贫困之地和长寿之乡就是西山乡。全乡总面积 150 平方千米，耕地仅占总面积的 2.8%，人均口粮 105 千克，年人均收入 169 元。

奇怪的是，就在这一带出了许多寿星，据第二次到第五次人口普查，巴马百岁以上寿星占人口的比例之高居世界五个长寿区之首。长寿的人多不在山上，而是聚居于山下那些山间洼地的底部。一个几百平方米的洼地，从洼地到山顶，往往有二三百米之差。大部分山民，从小到老就同这些山洼洼相伴。开门就见山，出门就爬坡，日出而耕，日落而归，入夜而宿。寨子里有一位壮族女寿星，时年 105 岁。她佝偻着身体，显得有些营养不良，但坐卧吃喝自如，据说她一顿能吃两碗饭，用火麻油炒菜。她还有五个儿女，大女儿年过 80 岁，小女儿也有 72 岁，生活都能自理，还能劳动。据了解，一般百岁老人，从年幼就参

加生产劳动，每天闲不着，干活可达 10 个小时以上。直到晚年，也能从事较轻的体力劳动。

长寿之谜

西山乡贫困、封闭、交通不便，但却是宁静、幽雅、山清水秀的"世外桃源"，这里主产玉米、黄豆，还有红薯、水稻、豌豆、小米、火麻、芭蕉等食用作物；菜类有南瓜苗、南瓜、黄瓜、竹笋、苣荬菜、红薯嫩叶；食油常用火麻子油、油茶子油、黄豆油。

特别值得一提的是火麻子与火麻子油。壮民们介绍，用火麻子喂鸡，蛋大，味道鲜美。据有关专家化验，火麻子含有油酸、亚麻酸、亚钠酸等多种营养物质和微量元素，且易溶解于水，更易于人体吸收，具有很强的抗衰老功能。当地作为主粮的玉米，富含维生素 B_1、维生素 E 和胡萝卜素，且营养价值高于其他产地。壮、瑶和汉民们还喜欢喝用当地粮食酿造的一种土酒和用名贵中药蛤蚧泡制的蛤蚧酒等补品。至于它们同长寿的关系，还有待进一步研究。

神秘现象

巨型足印

在四川邦达至昌都公路边的悬崖峭壁上，印有一左一右两个巨型神秘脚印。据目测，两个巨型脚印在离地七八米高的悬崖峭壁上，长约 1.4 米，宽约 0.4 米，一左一右前宽后窄，绝非人工雕刻。

足印的发现

1997 年扩建邦达至昌都公路时，施工队沿途开山炸石。一声炮响后，一块巨型岩石从此处落下，人们惊讶地发现被炸开的峭壁横切面从下至上有一串巨大的脚印！其中下方三个脚印已模糊不清了。

考古人员认为该神秘脚印可能是距今 1.5 亿年前古脊椎动物活动的遗迹，并在此脚印旁注明了这一考证结果。

各种巨型脚印

在彭州市新兴镇狮子山半山腰一块离地十多米高的峭壁上，陡现一大一小蜿蜒而上的两行脚印和一个洞穴。右侧一行脚印长约 0.4 米，状如人脚，左侧脚印长约 0.1 米。

脚印传说

据传，有一条孽龙兴风作浪，水淹彭州，震怒玉帝，二郎神受命收服它，孽龙闻风而逃。二郎神挥剑斩之，误将这狮子山腰巨石壁劈为两半。孽龙飞上峭壁，二郎神和哮天犬步步紧逼，于是在峭壁上留下了一串脚印。

被"劈开"的裂缝非常平整，内侧生有暗红色苔藓，相传这是二郎神剑劈岩石留下的铁锈。据说 20 世纪初，当地人组织入洞寻找通往都江堰的出口。洞内行走艰难。当探险队点燃第七根蜡烛继续前行时，突然阴风大作，吹灭了蜡烛，也吹灭了探险队最后的信心。山洞是否真能通到都江堰？谜底还未解开……

神秘现象

南海幽灵岛

1933 年 4 月，法国考察船"拉纳桑"号来到南海进行水文观测。该船在海上不停地来回航行，进行水下测量作业。突然，船员们看到在上一回驶过的航道上竟矗立起一座无名小岛，岛上树木葱茏，一片热带景象。可在半个月后，当他们再来这里测量时，却又不见了这座小岛的踪影。因此，船员们将该小岛称为"幽灵岛"。

"联盟"号的发现

1936 年 5 月的一个夜晚，一艘名叫"联盟"号的法国帆船航行在南海海域。这艘新的三桅船正准备驶往菲律宾装运椰子。"正前方，有一个岛！"一名水手突然一声呼叫，顿时惊动了船上的所有船员。

船长苏纳斯马上来到驾驶台，用望远镜进行观察。他清清楚楚地看到了一个小岛！他十分纳闷，航船的航向是正确的，这里离海岸还有 250 海里，过去经过这里时从未见过这个小岛，难道它是从海底突然冒出来的？可是岛上现出密密的树影，又不像是刚冒出海面的火山岛。

船长命令舵手右转 90°，吩咐水手立即收帆。就这样，"联盟号"才缓缓绕过了这座神秘的小岛。这时，船员们都伏在右舷的栏杆上，注视着前方。朦胧的夜色映衬着小岛上摇曳的树影，眼前出现的事，犹如梦境一般。

然后，船上航海部门的人员赶紧查阅航海图，进行计算，确定了船的航向准确无误，罗盘、测速仪也工作正常。可再查看海图，那上面根本就没有显示这片海域有小岛，而且每年都有几百、上千条船经过这里，但都没有发现过这个岛屿。

然而，几分钟后，前面的岛屿忽然不见了，可过了一会儿，它却又在船的另一侧出现了！船长和他的同事们紧张地观察着出现在他们面前的如同黑色幕布般的阴影。突然一声巨响，全船剧烈地摇晃起来。紧接着，船体发出了嘎吱嘎吱的声响，桅桁和缆绳互相扭结着，

发出阵阵断裂声。一棵树"哗啦"一声倒在了船首，另一棵树倒在了前桅旁边，树叶飒飒作响，甲板上到处是泥土和断裂的树枝、树皮。树脂的气味与海风的气味混杂在一起，使人感到似乎大海上冒出了一片树林。船长本能地命令右转舵，但船还是一动不动。船员们一个个惊得目瞪口呆，显然船已搁浅了。

难解之谜

天终于亮了，船员们终于看清大海上确实有两座神秘的小岛，"联盟"号在其中的一个小岛上搁浅了，而另一个小岛约有 150 米长，它是一块大礁石。

好在船的损伤并不严重。船长吩咐放两条舢板下水，从尾部拉船脱离浅滩。船员们在舢板上努力划桨，一些人下到小岛上使劲推船，在奋战了两个多小时后，"联盟"号终于脱险。"联盟"号缓缓地驶离，两个小岛最终渐渐地消失在人们视野之中……

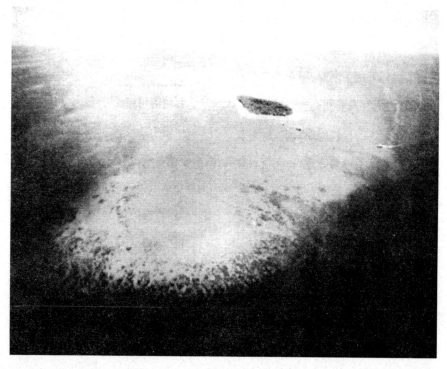

神秘现象

远古巨石

解放前，日本学者鸟居龙藏曾对分布在我国东北的巨石进行过研究，他曾说道："此等遗迹，殆分布于全世界中。而中国迄今尚无调查报告，实为奇异。中国考古学界，对于史前陶器之研究颇盛，而对巨石文化研究，则尚未闻知，实属遗憾。"

石棚之谜

辽宁省盖县石棚山遗址的石棚，盖石长 8 米多，宽近 6 米，厚 0.4—0.5 米，重达几十吨，单凭人力把这硕大的石板支架到二米左右高的石柱上面去，实在令人称奇。而且，大石棚的墨石与盖石多经仔细加工磨制，壁石套合也很整齐，有的刻有沟槽和铺底石结合在一起。这样宏大的古代建筑，即使在科技发达的现代也不容易修建，更何况科学技术落后的原始社会呢？

石棚究竟是做什么用的？它的性质如何？它究竟产生于什么时代？在什么时代被废弃？为什么石棚常三个或四个在一起……这一系列问题，引发了一些考古学者长达半个世纪的沉思和争论。

石棚的用途

法国的《人类学辞典》在 19 世纪末对石棚的解释是：在三块或四块巨石之上，支架一块扁平的巨大天井石，故称"石桌"。德国称之为"巨人之墓"，葡萄牙将其叫作"摩尔人之家"，在法国则有"仙人之家"和"商人之桌"两种俗名。在我国辽东半岛，有石棚的农村多流传着"姑嫂修石升天"的故事，故习称"姑嫂石"。而朝鲜半岛则流传着天上的巨神把石桌移到人间的神话。

目前，有的专家认为这是一种巨石坟墓，意义如同埃及的金字塔；有的学者认为它是一种宗教祭祀建筑物；有的人认为它是古代氏

族举行各种活动的公共场所……

过去大量考古学者把广泛分布于世界的石棚、立石桩、环石、列石、石褐和积石墓等古代巨石建筑，统称为"巨石文化"。今天看来，上述建筑的所在地地域广袤，种类不一，延续时间又很长，从新石器时代开始一直到青铜时代，甚至更晚，因而再将世界各地、各个不同时期的巨石建筑统称为"巨石文化"似乎有些不妥。

石棚的研究现状

半个世纪过去了，我国的考古事业正处于"黄金时期"，但是认真研究"巨石文化"的考古工作者仍寥寥无几，这一方面是因为古代遗留巨石建筑数量较少、分布不广；另一方面原因则是这种巨石建筑缺乏文献典籍资料可依，也没有民族学等材料可循，仅在民间留下了许多传说而已。

神秘现象

怪异的地震

1976 年 7 月 28 日，大地震将唐山这座拥有百万人口的城市在数十秒内夷为平地，六十五万多间房屋倒塌，24 万生灵在睡梦中葬身废墟，十六万多人重伤……7.8 级的唐山大地震犹如一道伤疤永远印在人们脑海之中。

当时唐山地震烈度为 11 度，唐山市的厂房和住宅几乎全被破坏，而有一些建筑却完好如初。

所有的树木、电线杆直立如初，均未直接受害。例如唐山市 65 米高的微波转播塔震后依旧巍然屹立于大片废墟之中，并且两个微波塔之间仍可直接、准确地传递电视信号。这是为什么呢？

唐山的人防坑道除个别有小裂纹外，其他均未受到破坏。原因何在呢？

在唐山地震中死伤的人没有人直接死于震动，绝大部分是因为建筑物坍塌受害。

唐山地震后，除个别地区受采空区塌陷或其他影响出现局部起伏外，绝大部分地面、路面完好如震前，很少出现波浪起伏现象。

唐山启新水泥厂的一栋三层库房，一楼二楼基本完好，三楼的所

有窗柱却全部断裂。而且旋转方向和角度各不相同，现存旋转角度最大的一个右旋达 40°，旋转角度更大的当时即已脱落。

建筑体的破坏尤其是砖石结构和水泥制件的破坏一般都是分段裂开，四面开花崩塌。整体歪斜的现象很少，这太奇怪了。

神秘现象

远古鞋印

　　1997 年 3 月 20 日，在新疆红山发现了一块奇特的化石，化石表面有个很像人类鞋印的印迹，印迹跟部有一条古鳕鱼印迹。化石生成于古生代二叠纪内陆湖盆的灰岩、页岩和油页岩地层中，距今约 2.7 亿年历史。鞋印的印迹全长 26 厘米，前部最宽处 10 厘米，跟部宽 5 厘米，前宽后窄，并有双重缝印，形态酷似人类左脚穿着皮鞋的鞋印。鞋印内有一条头朝鞋跟部、体长 13 厘米的远古鳕鱼化石，标本背面劈开部分，能看到鞋印受外力挤压后形成的砂土粘连层，前部厚 2 厘米，中部厚 1.5 厘米。劈开后的另一块岩石面上，还有一条大鳕鱼，它与鞋印约成 90°，埋藏于底部。劈开时大鳕鱼的头、腹粘在鞋印背面，鳕鱼背、背鳍、尾部均清晰可见。

奇特的化石

　　这块化石的发现不仅引起了人们极大的兴趣，还使人们陷入了不解和困惑之中。考古人员反复研究这块奇特的化石，眼前仿佛再现了 2.7 亿年前发生这起事件的一幕：二叠纪早期，这里是气候湿润的浩瀚湖区，水中鱼虾成群，水龟出没，恐龙的祖先——原始爬行动物在岸上探头探脑，一条调皮的大鳕鱼趁湖水上涨游到岸边戏耍，当湖水退去时，它已经无法游回，经过了很多年，大鳕鱼成了化石。当湖泥还湿润且具有弹性时，一只穿着皮鞋的脚踏在距离鳕鱼尾巴只有半步远的地方，留下了一个不寻常的印迹。湖水又一次上涨时，一条只有 13 厘米长的小鳕鱼又随着湖水游到岸边。不幸的是小鳕鱼偏偏钻进了鞋印里。当水流退去后，小鳕鱼也被永远留了下来。这块吞噬了两条生命的泥地随着不断的沉积，经过了漫长的 2.7 亿年，鞋印连同鳕鱼形成了这块奇特的化石。

鞋印之谜

　　令人不可思议的是，这块化石与在美国发现的皮鞋印化石非常相似，其双重缝印的痕迹如出一辙。这又是怎么一回事呢？